D1696694

STADL POST
KOCH BUCH
DIE LIEBLINGS Rezepte
DER STADLSTARS

STADL
POST

EVA MANG · GERDA MELCHIOR · VOLKER SCHÜTZ

KOCH BUCH

DIE LIEBLINGS*Rezepte* DER STADLSTARS

pichler verlag

NORDEN

Stars & Speisen

Stars & Speisen

SÜDEN

WESTEN
W
Stars & Speisen

OSTEN
O
Stars & Speisen

Vorwort von ARNULF PRASCH

Liebe Freunde des guten Geschmacks!

Als mich die Autoren des vorliegenden Stadlpost-Kochbuchs um ein Vorwort gebeten haben, war ich natürlich gern dazu bereit. Schließlich kenne ich ja fast alle „Köchinnen und Köche" in dieser bunten Rezeptesammlung persönlich. Die meisten von ihnen waren schon ein- oder mehrere Male bei meinem „Musi Open Air" am Hoferriegel in St. Oswald/Bad Kleinkirchheim zu Gast. Witzig finde ich auch, dass sehr viele Koch-Fotos in Hotelküchen und mit der tatkräftigen Unterstützung der lokalen Gastronomen rund um Bad Kleinkirchheim gemacht wurden. In den mehr als 15 Jahren, die ich jetzt schon in dieser Branche mit den Musikerinnen und Musikern zusammenarbeite, habe ich natürlich das eine oder andere private „Schmankerl" der Stars erfahren. Was ich aber nicht wusste ist, dass so viele große Namen aus der Szene auch in der Küche so gut Bescheid wissen – wobei gutes Essen und Trinken genauso zum Glücklichsein gehören wie unsere schöne Heimat und die dazu passenden Musikklänge. Besonders freut mich als Kärntner klarerweise, dass so viele Schmankerln und Spezialitäten aus meiner Heimat vorgestellt werden. Egal ob der köstliche „Kärntner Reindling" oder die herrliche „Kärntner Kasnudel" – mir rinnt schon das Wasser im Mund zusammen … Ich hoffe, Sie kochen das eine oder andere Rezept unserer Stars daheim nach, und es gelingt Ihnen so, wie Sie es sich vorstellen. Wenn nicht, nicht traurig sein – dann kommen Sie einfach das nächste Jahr zu uns nach Kärnten, zu einem unserer großen „Musi Open Airs" in Bad Kleinkirchheim und bestellen sich bei unseren Wirten Ihr Lieblingsrezept!

Bleibt mir nur noch, Ihnen viel Spaß beim Lesen zu wünschen, und ich darf mich mit einem herzlichen „I g'frei mi auf Euch" verabschieden, bis es wieder heißt: „Wenn die Musi spielt!"

Euer

Arnulf Prasch

Einleitung

Kein Genuss ist vorübergehend;
denn der Eindruck, den er zurücklässt,
ist bleibend. Johann Wolfgang von Goethe

Das wunderbare Zitat aus „Wilhelm Meisters Lehrjahre“ haben wir uns quasi als Arbeitsmotto für dieses – etwas andere – Kochbuch gewählt.
Genuss – das ist der wohl vielschichtigste Begriff für so viele verschiedene Dinge des wohltuenden, guten Geschmackes. Geschmack wiederum – seien es nun schöne Landschaften, beeindruckende Kunstwerke, harmonische Klänge, fesselnde Bilder, lachende Gesichter, verführerische Düfte, romantische Erinnerungen oder einfach köstliche Speisen – , Geschmack ist eine gefährliche Sache, gerade dann wenn man sich anschickt, ein Buch zu schreiben.Wem gefällt was? Wer bestimmt, was schön und gut ist? Liegen wir mit unserem Querschnitt, mit unserer Auswahl richtig? Werden Sie, liebe Leserin, lieber Leser, an den noch folgenden Seiten Geschmack finden? Wird Ihnen das Lesen Genuss bereiten?
Auch wenn diese Gedanken nach kräftigem Zweifeln klingen mögen, wir sind davon überzeugt, für jeden Geschmack etwas gefunden zu haben.
Wir – das sind nicht nur das Autorenteam, die Fotografen, der Verlag und unsere tapfere Lektorin, sondern auch die zahlreichen Stars aus der Volksmusik- und Schlager-Szene, die sich für uns in die unterschiedlichsten Küchen der Länder begeben haben, um für Sie ihre persönlichen Lieblingsrezepte zu verraten und zuzubereiten. Es war viel Spaß dabei. Daher bitten wir alle großartigen, perfekten Köchinnen und Köche unter Ihnen, die irgendwo das eine oder andere besser gemacht hätten: Seien Sie nachsichtig. Wir fordern Sie dafür ganz sicher niemals zum Singen vor tausenden Menschen auf einer großen Bühne auf. Unsere Starköche sind Stars auf der Bühne, in der Küche freilich reine Amateure im positiven Sinn des Wortes, nämlich Liebhaber des Handwerks. Sie von dieser Seite ihres Wesens kennen zu lernen macht dieses Buch – wie wir meinen – so lesenswert.

Deshalb bedanken wir uns aufrichtig bei allen Mitwirkenden und selbstverständlich bei Ihnen, liebe Leserinnen und Leser, für die wir die folgenden Seiten zusammengestellt haben.

Eva Mang, Gerda Melchior und Volker Schütz im Sommer 2011

Deutschland – die Hochburg des Schlagers

UWE BUSSE
Wuppertal
SPARGELSPITZEN à la UWE
Seite 21

TOM ASTOR
Schmallenberg
COWBOY STEAKS
Seite 24

G.G. ANDERSON
Eschwege
SEMMELKNÖDEL mit
SCHWAMMERLSAUCE
Seite 15

OLAF BERGER
Dresden
SÄCHSISCHES
SCHICHTKRAUT
Seite 18

HEINO
Bad Münstereifel
HEINOS HASEL-
NUSS-TORTE
Seite 27

DIE
AMIGOS
Villingen
SPARERIBS auf höllische Art mit
POTATO WEDGES
Seite 12

ANDREA BERG
Kleinaspach
TOPFENSTRUDEL
mit VANILLESAUCE
Seite 30

REINER KIRSTEN
Elzach
FEURIGE PUTENSTREIFEN
auf SALAT
Seite 33

PATRICK LINDNER
München
FLEISCHPFLANZERLN
à la PATRICK
Seite 36

STEFAN MROSS
STEFANIE HERTL
Traunstein
BAYERISCHE
BROTZEIT
Seite 42

MAXI ARLAND
Chiemsee
GEGRILLTE LAMMKOTELETTS
Seite 39

DIE AMIGOS

Die Geerdeten

Man glaubt es kaum, aber es ist bereits 40 Jahre her, dass Bernd Ulrich und sein älterer Bruder Karl-Heinz „Die Amigos“ gründeten. „Wir musizieren seit unserer Kindheit, und zum Glück haben uns unsere Eltern immer unterstützt. Dafür sind wir ihnen unendlich dankbar. Wir hatten nicht viel zur Verfügung, aber sobald wir ein neues Musikinstrument gebraucht haben, wurde das Geld dafür zusammengekratzt“, schwelgen die beiden Musiker in stolzer Erinnerung.

Das Vertrauen von Papa und Mama Ulrich hat sich ausgezahlt. Jetzt sind Bernd und Karl-Heinz die Stars der volkstümlichen Musik. Sie sind die Krone der Volksmusik-Preisträger und Echo-Gewinner und sammeln Edelmetall wie andere Bierdeckel. Und sie sind Dauergäste in allen großen Fernsehsendungen. Karl-Heinz & Bernd Ulrich aus Villingen in Hessen sind ein wahres Phänomen der Schlagerbranche. Nachdem ihr Äußeres so ganz und gar nicht den Vorstellungen der modernen Castingshows entspricht und auch ihr Alter nicht zum Jugendwahn passt, der heutzutage gang und gäbe ist, wurden die Jungs vom TV jahrelang blockiert und das, obwohl bereits hunderttausende Fans ihre CDs kauften oder ihnen bei Live-Auftritten zujubelten. Wie so oft hat der Musikantenstadl ein Zeichen gesetzt und diesen „Fernseh-Bann“ gebrochen. Seither sind die Amigos aus keiner großen TV-Show mehr wegzudenken und ihre Erfolge bleiben konstant.

Die Sympathieträger, die trotz ihres Erfolges bescheiden geblieben sind, wissen immer noch, wohin sie gehören, nicht zuletzt deshalb haben die beiden Superstars ihre bezaubernden Ehefrauen Heike und Doris immer mit dabei. Die Amigos sind überhaupt sehr „geerdet“. Nachdem sie beruflich hunderte Nächte in Hotelzimmern verbringen, lieben sie ihr Zuhause in Hessen und nützen jede Gelegenheit, um mit der Familie zusammen zu sein. Das ist wohl auch der Grund für ihr hier ausgewähltes Lieblingsrezept: Spareribs – Knusprige Rippchen, wie die beiden diese Speise nennen. Der Grill im Garten der Amigos wird im Sommer regelmäßig angeworfen, und diese Köstlichkeit gehört dabei auf den Garten-Party-Tisch.

SPARERIPS auf höllische Art mit POTATO WEDGES

Zutaten für 4 Personen

Rippchen
4 Stück Spareribs
100 ml Chiliöl
100 ml Sojasauce
3 EL Zitronensaft
4 TL Cayennepfeffer
4 EL Tabasco
Salz & Pfeffer
Honig zum Glasieren

Potato Wedges
800 g festkochende größere Kartoffeln
2 EL Öl
2 TL Salz
frischer Pfeffer aus der Mühle

ZUBEREITUNG

SPARERIPS: Fleisch lauwarm abspülen, trockentupfen und die Haut auf der Innenseite der Rippen entfernen. Dazu bei einem Knochen den Rand entlang –einschneiden und mit der Messerspitze den Einschnitt etwas anheben, sodass man mit einem Finger zwischen Haut und Knochen gelangt, die Haut zur Mitte hin abziehen. Die restlichen Zutaten, außer dem Honig, mischen und damit die Rippen kräftig einstreichen. Das Fleisch ca. 2 Stunden im Kühlschrank ziehen lassen. Die Spareribs auf ein befettetes Blech legen und ca. 40 Min. im Rohr braten. Wenn sie schön braun sind, die Rippchen mit Honig bestreichen und das Blech für weitere 5–10 Minuten unter der Grillfunktion im Rohr grillen, bis sie schön knusprig aussehen. Auf dem Holzkohlengrill zuerst in der Alufolie garen und die letzten 5–10 Minuten offen auf dem Rost grillen.

POTATO WEDGES: Kartoffeln gründlich waschen. Anschließend gut abtrocknen und einmal der Länge nach durchschneiden. Die Hälften jeweils noch einmal der Länge nach vierteln. In einer Schüssel das Öl mit Salz und dem Pfeffer verrühren, Kartoffeln zugeben und gut durchmischen. Kartoffeln auf einem mit Backpapier ausgelegten Blech verteilen und die letzten 25 Minuten unter dem Blech mit den Spareribs garen.

Echt lecker

Mittelhessen – die Heimat der AMIGOS

Villingen, der Geburtsort der beiden Amigos, ist seit der Eingemeindung in den 1970er-Jahren ein Ortsteil von Hungen, einer kleinen Stadt in Mittelhessen, südöstlich von Gießen gelegen. Hungen wurde bereits im Jahre 782 urkundlich erwähnt und zwar als Schenkung Karls des Großen an das damalige Stift Hersfeld. Das älteste Gebäude Hungens ist der imposante Bruchsteinbau der evangelischen Stadtkirche, deren erste bauliche Ursprünge im späten 13. Jahrhundert liegen. Wegen der langen Entstehungszeit vereint die Kirche interessanterweise verschiedene Baustile in sich, nämlich die der Romanik, der Gotik, der Renaissance und des Barock.

Die ersten baulichen Anlagen von Schloss Hungen entstanden etwa zur Mitte des 15. Jahrhunderts, das Schloss wurde danach aber mehrmals verändert und erweitert. Vor 40 Jahren war Schloss Hungen wegen fehlender finanzieller Mittel vom Verfall bedroht, bis sich eine Eigentümergemeinschaft gründete und das Schloss in 22 Wohneinheiten aufteilte. Heute ist das Gebäude ein wahres Schmuckstück, in dessen Innenhof und prunkvollen Innenräumen verschiedene Veranstaltungen und Ausstellungen stattfinden.

In der Umgebung von Hungen haben sich schon die Römer wohlgefühlt, dafür sprechen Funde in der Umgebung. So liegt südlich von Hungen das fast 2000 Jahre alte römische Kastell Inheiden. Von dem Kleinkastell Feldheimer Wald, zwei Kilometer südwestlich von Hungen, ist zumindest der Verlauf der Umfassungsmauer noch als Bodenwelle im Gelände erkennbar.

KULINARIK INFO

Typisch für die hessische Küche ist die Grüne Sauce – eine kalte Kräutersauce, die meist zu gekochtem Fleisch oder Fisch, kaltem Braten, Pellkartoffeln oder Salzkartoffeln gereicht wird. Neben Kräutern enthält sie in der Regel auch Pflanzenöl und Eier oder Mayonnaise.

Oftmals wird die pikante Sauce auf der Basis von Schmand und saurer Sahne bereitet. Diese Zubereitungsvariante, die besonders in Frankfurt am Main und in Kassel Verwendung findet, gilt als besondere regionale Spezialität.

G. G. ANDERSON

Nein heißt Ja

Die zwei Gs kommen aus seinem bürgerlichen Namen: Gerd Günther. Und Anderson nennt er sich, weil's einfach besser klingt als Grabowski. Er zählt zu den erfolgreichsten Interpreten dieses Genres und singt bereits seit den 1960er Jahren für sein Publikum. Singen ist seine große Leidenschaft – vielleicht noch erfolgreicher ist G. G. jedoch als Komponist. Er schuf bisher weit mehr als 1000 größtenteils sehr bekannte Titel, arbeitete unter anderem für Künstler wie Mireille Mathieu, Rex Gildo, Axel Becker, Andy Borg, Judith & Mel, Brunner & Brunner, Die Paldauer, Tony Christie, Wildecker Herzbuben, Thomas Anders und Roland Kaiser, um nur einige zu nennen. Für Engelbert komponierte er den Hit „The Spanish Night is Over". Roland Kaiser sang mit „Schachmatt", „Lieb mich ein letztes Mal" und „Flieg mit mir zu den Sternen" eine Reihe erfolgreicher Songs aus der Feder von G.G. Anderson. Aber auch der Heino-Titel „Ja, ja, die Katja, die hat ja" stammt von ihm. In den internationalen Charts war sein Titel „Satisfaction" von Laura Branigan wochenlang auf den vordersten Plätzen zu finden. Erfolg hat der deutsche Star also auf allen Linien.

G. G. ist aber immer ein besonders freundlicher bescheidener Kollege geblieben, der keinerlei Spleens oder besondere Ansprüche kennt. So ist es auch nicht weiters verwunderlich, dass Mister „Nein heißt Ja" (einer seiner bekanntesten Hits) ein ganz einfaches, natürliches Rezept für unser Stadlpost-Kochbuch ausgewählt hat.

Eschwege – die Heimat von G. G. ANDERSON

Die Stadt Eschwege, in der G. G. Anderson 1949 geboren wurde, liegt in einer weiten Flussniederung der Werra ganz im Nordosten des Bundeslandes Hessen. Der Ortsname leitet sich aus der altgermanischen Bezeichnung für Siedlung bei den Eschen am Wasser her. Im Jahre 974 wurde Eschwege erstmals in einer Urkunde Kaiser Ottos II. als „eskiniwach" erwähnt.

Das heutige Stadtbild ist geprägt von unzähligen Fachwerkhäusern, die aber fast alle aus der Zeit nach dem Dreißigjährigen Krieg stammen. Denn zu Ostern 1637 wurde Eschwege von kaiserlichen Truppen besetzt, und der nachfolgenden Brandschatzung fiel ein Großteil der Häuser zum Opfer. Durch den unermüdlichen Einsatz der Bewohner waren die Schäden innerhalb der nächsten Generation wieder beseitigt, und die Stadt erstrahlte wieder in neuem Glanz. Die wenigen in der Zeit vor 1637 entstandenen Fachwerkhäuser sind an der „Wildemann-Konstruktion" zu erkennen, bei der die Verstrebungen innerhalb der Gefache einem Mann mit über den Kopf erhobenen Armen ähneln. Aufschwung erlebte Eschwege durch die Leder- und Textilindustrie.

WISSENS INFO

LUDWIG VON ESCHWEGE,
der letzte Trauerritter

In alten Zeiten war es im Hessenlande Brauch, dass, wenn ein Fürst und Landesherr gestorben war, ein Ritter in schwarzer Rüstung auf schwarzgepanzertem Ross dem Sarg beim Leichenzuge folgen musste. Man nannte ihn den Trauerritter, und es ging die Sage, dass derjenige noch im selben Jahr dem Fürsten nachfolge in das Schattenreich, wie er ihm lebend nachgefolgt hinab in die dunkle Gruft. Als im Jahr 1821 Kurfürst Wilhelm I. zu Hessen verstorben war, wurde der junge Ludwig von Eschwege dazu bestimmt, als Trauerritter den Sarg zu geleiten. Dieser, ein stattlicher, blühend schöner Mann, eignete sich vollkommen zu dieser Rolle, aber die Seinen drückte die Sage, sie warnten, sie rieten ab. Doch der ritterliche junge Mann konnte und wollte sich dem letzten Ehrendienst für seinen Fürsten nicht entziehen. Er folgte im vollen Harnisch zu Ross dem Leichenwagen, er folgte dem Sarge nach in die kühle Gruft. Aber auch an ihm bewahrte die Sage ihr Recht – nach wenigen Tagen war Herr Ludwig von Eschwege eine Leiche. Da stellte der Nachfolger des verstorbenen Kurfürsten den alten Hofbrauch ab, und seitdem folgt kein Ritter im schwarzen Harnisch mehr dem Sarge des Landesherrn.

Nach: Ludwig Bechstein, Deutsches Sagenbuch, Leipzig 1853

SEMMELKNÖDEL mit SCHWAMMERLSAUCE

Zutaten für 4 Personen

Semmelknödel
6 Semmeln vom Vortag
1 Zwiebel
1 EL Butter
1 Bund Petersilie
2 bis 3 Eier
200 ml Milch oder Obers
Salz
Pfeffer aus der Mühle
Muskatnuss
Mehl

Schwammerlsauce
600 g Eierschwammerln (Pfifferlinge)
1 Zwiebel
1 Bund Petersilie
4 EL Butter
200 ml Obers

ZUBEREITUNG

Die Semmeln in kleine Würfel schneiden. Die Milch erwärmen und über die Semmelwürfel gießen. Mit Salz, Pfeffer und Muskatnuss würzen. 20 Minuten ziehen lassen. Inzwischen Zwiebel und Petersilie fein hacken. Butter erhitzen. Die Zwiebel andünsten und die Petersilie dazugeben. Über die Semmelwürfel gießen.
Die Eier aufschlagen und mit den Semmelwürfeln vermischen. Nochmals abschmecken. Wenn die Masse zu weich ist, etwas Mehl zum Binden dazugeben. Mit nassen Händen Knödel formen und in leicht kochendem Salzwasser etwa 20 Minuten ziehen lassen. Inzwischen die Schwammerln putzen und klein schneiden.
Die Zwiebelwürfel in Butter andünsten, die Schwammerln dazugeben. Sobald die ausgetretene Flüssigkeit verdunstet ist, das Obers dazugießen. Etwa zehn Minuten dünsten lassen.
Mit Petersilie, Salz und Pfeffer würzen. Die Schwammerln mit Sauce anrichten und mit Petersilie garnieren.

Guten Appetit!

OLAF BERGER

Der König des Rankings

Wovon andere nur träumen, das hat Olaf Berger geschafft. Dem sympathischen Dresdner ist der Sprung zum Schlagerstar und zur festen Größe im bundesdeutschen Showgeschäft gelungen. Von Fachleuten wie Fans wird Olaf Berger gleichermaßen als einer der wichtigen Namen im Schlagerbusiness gefeiert – mit einem ständig wachsenden Publikum in Ost und West. Den entscheidenden Meilenstein auf dem Karriereweg des Dresdners markiert 1993 die Begegnung mit dem international erfolgreichen Produzenten und Komponisten Jack White. Der war spontan von der natürlichen Ausstrahlung und Professionalität des Newcomers überzeugt und nahm ihn unter Vertrag: „Mir war sofort klar: Hier ist ein beachtliches Talent. Der Junge hat eine Riesen-Zukunft vor sich!" Jack White konnte bei Olaf Berger auf eine grundsolide Basis bauen: Der attraktive Künstler, übrigens geboren am 24. Dezember 1963, entstammt einer Musikerfamilie. Mehr als ein Viertel Jahrhundert begleitet der Sänger nun schon seine Fans. Im März 2010 erschien das Album „Das zweite Gefühl" und im September desselben Jahres veröffentlichte der Künstler sein Jubiläumsalbum „25 Jahre Olaf Berger".

Seit 2004 moderiert Olaf Berger regelmäßig im MDR Fernsehen. Mit seiner Sendung „Top Ten" hat er die Rankingshow im MDR etabliert. Er lässt über die beliebtesten Sehenswürdigkeiten, die schönsten Parks und Gärten, die schönsten Täler oder Altstädte abstimmen und präsentiert in seiner Show die zehn Favoriten. „Top Ten" wird jeden Sonntag um 20:15 Uhr im MDR gesendet.

Ganz maßgeschneidert auf seine Heimat hat sich Olaf sein Lieblingsrezept ausgesucht. Sächsisches Schichtkraut hat langjährige Tradition und ist einfach und preiswert nachzukochen.

OLAFS SÄCHSISCHES SCHICHTKRAUT

Zutaten für 4 Personen

1 mittelgroßer Kopf Weißkraut
500 g Gewiegtes oder Schabefleisch (Faschiertes, Hackfleisch)
1–2 Eier
2 große Zwiebeln
3 kleine altbackene Semmeln
Salz
frisch gemahlener Pfeffer
edelsüßes Paprikapulver
Kümmel
etwas Mehl oder Saucenbinder
gekörnte Brühe oder Brühwürfel
etwas Margarine oder Butter

ZUBEREITUNG

Den Weißkrautkopf waschen und in einen ausreichend großen Topf mit Salzwasser geben. Kurz aufkochen lassen (blanchieren), gerade so lange, dass die Blätter beim Ablösen nicht einreißen, aber dennoch nicht ganz weich sind. Weißkohl aus dem Salzwasser nehmen und abtropfen lassen. In das Salzwasser die Brühwürfel oder gekörnte Brühe geben, damit eine kräftige Brühe entsteht. Die drei kleinen Brötchen in lauwarmem Wasser einweichen. Das Gewiegte bzw. Schabefleisch mit den kleingeschnittenen Zwiebeln, den Eiern, den gut ausgedrückten Semmeln, Pfeffer, Salz, Paprika und Kümmel gut durchkneten. Eine große Auflaufform mit wenig Margarine oder Butter einfetten. Die Blätter vom Kohlkopf lösen und eine gleichmäßige Schicht in die Auflaufform geben, sodass der Boden ganz bedeckt ist und das Kraut etwas an den Rändern hochsteht. Darauf eine 1–1,5 cm hohe Schicht Fleischmasse geben. Dann wieder eine Schicht Kohlblätter legen und den Vorgang wiederholen, bis die Masse verbraucht ist. Unbedingt darauf achten, dass man mit Kohlschicht beginnt und endet. Über das Ganze etwas Brühe geben. Die letzte Schicht Kraut sollte mit Brühe bedeckt sein. Die Auflaufform bei 180 °C 30 Minuten in der Röhre garen. Darauf achten, dass die Flüssigkeit nicht verdunstet. Eventuell etwas Brühe nachgeben. Wenn das Schichtkraut fertig gegart ist, aus der Röhre nehmen und den Sud abgießen. Aus Mehl oder Butter eine Einbrenn (Mehlschwitze)machen und mit dem Sud und der restlichen Brühe eine Sauce bereiten. Das Schichtkraut in 2–3 cm dicke Scheiben schneiden und auf den Teller geben.

Dazu sind als Beilage Salzkartoffeln oder Kartoffelbrei zu empfehlen. Am besten passt dazu ein kühles Glas Bier.

Gut & günstig

Dresden – Geburtsstadt OLAF BERGERS

Dresden, die Geburtsstadt Olaf Bergers, ist die Hauptstadt des Freistaats Sachsen und wird wegen seiner vielen Kunstsammlungen, aber auch wegen seiner barocken und mediterranen Architektur und der mit der toskanischen Hauptstadt vergleichbaren Lage am Fluss schon seit dem Beginn des 19. Jahrhunderts auch „Elbflorenz“ genannt.

Heute stellt sich die Stadt an der Elbe wieder als Kunst- und Kulturstandort ersten Ranges dar, der jährlich Scharen von Besuchern anlockt. An dieser Stelle alle Sehenswürdigkeiten Dresdens aufzählen zu wollen, ist schier unmöglich.
Zu den bekanntesten Bauwerken Dresdens gehört sicherlich die Semperoper. Seit 2006 findet in der Semperoper jährlich der Dresdner Opernball mit jeweils mehr als 2000 Gästen statt.Ein weiteres berühmtes Bauwerk in Dresden ist die Frauenkirche. Ebenfalls im Februar 1945 zerstört, war ihre Ruine Jahrzehnte hindurch Mahnmal für die Sinnlosigkeit des Krieges. Nach der Wende konnte die Frauenkirche in den Jahren von 1994 bis 2005 mithilfe von Spenden aus aller Welt zwar nach den historischen Plänen, aber unter modernen technischen Gesichtspunkten wieder aufgebaut werden und stellt sich heute als eines der schönsten Kirchengebäude und gleichzeitig Wahrzeichen Dresdens dar. Weltberühmt ist auch der unter August dem Starken ursprünglich als Teil eines neuen Schlosses konzipierte Zwinger, in dem heute verschiedene Sammlungen untergebracht sind.
In der Umgebung findet sich vieles, das einen Besuch wert ist. Und die idyllischen Landschaften rund um Dresden laden diejenigen, die von Museen und Bauwerken genug gesehen haben, zu ausgedehnten Wanderungen ein.

WISSENS INFO

DAS BRÜCKENMÄNNCHEN zu Dresden

Der Baumeister der steinernen Elbbrücke zu Dresden, der Italiener Matteo Foccio (um 1625), hatte sich an einem der Pfeiler in kauernder Stellung mit untergestemmten Armen und tief in die Augen gezogenem Mützchen abbilden lassen. Dies war das sogenannte Brückenmännchen, ein Wahrzeichen von Dresden. Es flog bei der Sprengung der Elbbrücke durch den napoleonischen General Davoust im Jahre 1813 mit in die Luft, fand sich aber, nachdem man nach einer Zeichnung ein neues hatte machen lassen, unter dem Schutt wieder. Es wurde dann links in der Quermauer, wo die Kaitzbach in die Elbe fällt, wieder aufgestellt.

UWE BUSSE

Das Multitalent

30 Jahre im Showgeschäft, das schafft nicht jeder. So eine Leistung spricht für Qualität, Kontinuität und das richtige Händchen für Erfolg. Wenn es ein Mensch dann aber auch noch geschafft hat, vor und hinter den Kulissen ein Star zu werden, dann darf man sich fragen, ob es hier noch mit rechten Dingen zugeht. Tut es! Uwe Busse hat einfach hart für seinen Beruf und seinen Erfolg gearbeitet. Er ist wohl das, was man ein Multitalent nennt. Manchen mag es überrascht haben, dass es Uwe nach vielen Jahren hinter den Kulissen im zweiten Anlauf auch als Sänger geschafft hat. Normalerweise erlaubt man in Deutschland ja jedem nur eine Karriere. Aber Ausnahmen bestätigen die Regel. Eine dieser Ausnahmen lebt in Bad Arolsen und heißt Uwe Busse. Kein Zweifel: Uwe Busse trifft mit seinen Songs direkt ins Mark der deutschen Schlagerfans. Der Blick in die Verkaufscharts beweist es. Mit sämtlichen Alben, die in letzter Zeit entstanden, landete Uwe in den Top 100. Uwe Busse spürt, was seine Fans von ihm erwarten, und so erfüllt er mit seinen Liedern genau diese Ansprüche. Es soll nicht zu übertrieben sein. „Ich muss hinter jeder Zeile, hinter jedem Ton stehen können, und nur wenn ich selbst hundertprozentig davon überzeugt bin, dann ist es gut", so der Anspruch des gutaussehenden deutschen Sängers.

Die Köstlichkeit, die sich Uwe für unser Stadlpost-Kochbuch ausgesucht hat, entspricht diesem Prinzip. Spargel – ein perfektes Gemüse, das am besten genossen wird, ohne viel daran zu verändern. Nur noch ein paar ebenso perfekte Zutaten wie Butter oder Rohschinken dazu und fertig!

Wuppertal – die Heimat von UWE BUSSE

Uwe Busse stammt aus Wuppertal. Die Stadt – wie der Name bereits nahelegt – im Tal der Wupper gelegen, besteht in der heutigen Form erst seit 1929 und entstand damals durch Zusammenlegung der vorher eigenständigen Städte Elberfeld, Barmen, Ronsdorf, Cronenberg und Vohwinkel. Ein Jahr später wurde sie – als Ergebnis einer Bürgerbefragung – Wuppertal genannt.

Fällt irgendwo dieser Name, ist sofort die gedankliche Verbindung zur Schwebebahn, dem Wahrzeichen der Stadt, hergestellt. Bereits 1901 eröffnet, ist sie bis heute das ideale Verkehrsmittel im engen Flusstal der Wupper, das keinen Platz für Schienen am Boden oder für einen Tunnelbau bietet. Natürlich ging der Betrieb der Schwebebahn – richtigere Bezeichnung: Einschienenhängebahn – in den vergangenen mehr als einhundert Jahren nicht ohne – teilweise tödliche – Unfälle vonstatten. Zu den eher harmlosen und belustigenden gehört der folgende Zwischenfall, der 1950 geschah: Damals gastierte der Zirkus Althoff in Wuppertal und wollte den jungen Elefanten Tuffi zu Werbezwecken mit der Schwebebahn befördern. Das Tier geriet allerdings kurz nach der Abfahrt in Panik, durchbrach die Seitenwand des Waggons und stürzte in das Wasser der darunter fließenden Wupper, von wo es sich unbeschadet ans Ufer rettete. Im Waggon hingegen gab es unter den anwesenden Journalisten, die sich vor dem tobenden Elefanten in Sicherheit bringen wollten, einige Verletzte. Weil die Sache weithin Bekanntheit erlangte, rühmten sich in den folgenden Wochen Dutzende Fahrer, just bei dieser Fahrt im Führerstand der Bahn gewesen zu sein.

KULINARIK INFO

DIE BERGISCHE KAFFEETAFEL

Eine kulinarische Spezialität des zwischen Rhein, Ruhr und Sieg gelegenen Bergischen Landes ist die Bergische Kaffeetafel, dort oftmals auch als vierte Mahlzeit des Tages bezeichnet. Der Brauch bildete sich im frühen 18. Jahrhundert, als für die betuchteren Schichten der Kaffee in Mode kam. Später geriet die Sitte in Vergessenheit, um in den 1960er Jahren zumeist als Touristenattraktion wieder aufzuleben. Es gibt keine festen Regeln für die Bestandteile einer echten Bergischen Kaffeetafel. Waffeln mit Kirschen und Sahne dürfen nicht fehlen, außerdem gibt es Schwarz- oder Graubrot mit Butter, Blut- und Leberwurst, rohem Schinken und Käse, wahlweise auch Quark, Apfelkraut und Honig. Um den Magen zu schließen, dient ein echter Kornbrand aus dem Bergischen Land.

SPARGELSPITZEN à la UWE

Zutaten für 4 Personen

2 kg weiße & grüne Spargelspitzen
etwas Zucker
Salz
150 g Butter
2 Eigelb
1 Zitrone
Cayennepfeffer
50 g Obers (Sahne)
250 g dünn aufgeschnittener Rohschinken (Prosciutto, Schwarzwälder Schinken)

ZUBEREITUNG

SPARGELSPITZEN mit einem scharfen Messer oder Spargelschäler vom Kopf abwärts schälen. Einen großen Topf mit Wasser füllen und mit Salz, Zucker und der Butter aufkochen lassen. Den Spargel zugedeckt bei mäßiger Hitze je nach Dicke des Spargels in etwa 10–12 Minuten weich kochen.

SAUCE HOLLANDAISE:
Die Butter bei milder Hitze zerlassen, sie darf nicht bräunen! Den Schaum abschöpfen, lauwarm abkühlen und ruhen lassen. Eigelb mit Wasser in eine Schüssel geben und über Dampf zu einer dickschaumigen Creme aufschlagen. Nun die Butter zuerst tropfenweise unterrühren. Fängt die Eigelbmasse an, dick zu werden, die Butter in dünnem Strahl einlaufen lassen. Dabei ständig rühren, damit die Creme nicht gerinnt. Mit Zitronensaft, Salz und Pfeffer würzen, leicht abkühlen lassen.

Die halbsteife Sahne unterheben. Schinken in fingerdicke Streifen schneiden und in einer Pfanne unter Beigabe eines EL Öl kross rösten. Den abgetropften Spargel mit der lauwarmen Sauce übergießen, die gerösteten Rohschinkenstreifen dazulegen und am besten mit neuen Kartoffeln (Heurigen) servieren.

Dazu passt ein sehr kalter leichter Weißwein oder ein G'spritzer (Weißweinschorle).

TOM ASTOR

Die ehrliche Haut

Auch wenn man mit dem Begriff vorsichtig umgehen sollte – spätestens seit 1995 ist Tom Astor Deutschlands erster Countrymusic-Superstar. Seine eindrucksvolle, auch in Europas Country-Szene einmalige Erfolgsbilanz hat dafür gesorgt, dass die Countrymusic ein ganz neues Publikum gefunden hat. Seine Fans hat der sympathische, publikumsnahe Star in allen Altersklassen.

„Ich bin, wie ich bin", so der Titel eines seiner Erfolgsalben, charakterisiert den bescheiden gebliebenen Publikumsliebling trefflich. Hier liegt einer der Schlüssel zum Erfolg eines Mannes aus dem Volke, der seine Wurzeln nie verleugnete. Wie kein anderer versteht es Tom Astor, deutsche Schlager und Countrymusic zu einer gehaltvollen Unterhaltungsmusik zu verknüpfen. Für seine Kreativität, mit der er die breite Masse direkt anspricht, stehen rund 40 Alben und mehr als 600 eigene Songs. Mit der Lebenserfahrung eines routinierten Künstlers, langjährigen Ehemanns und Familienvaters schreibt er Lieder aus dem Leben, mit denen sich jeder identifizieren kann. Glaubwürdige Musik, oft geboren aus Erfahrungen, die er selbst gemacht oder bei anderen beobachtet hat. Die ehrliche Haut Tom Astor setzt weitere Maßstäbe und steht im schnelllebigen Musik-Business auf dem vorläufigen Höhepunkt seiner Karriere, die noch längst nicht zu Ende und in der Countrymusic Europas einmalig ist.

Passend zu seiner Musik hat sich der Country-Haudegen ein echtes Cowboy-Rezept ausgesucht. Schöne saftige Steaks.

COWBOY STEAKS

Zutaten für 4 Personen

4 Rindersteaks
(aus der breiten Hüfte oder vom Lungenbraten)
Saft eine halben Zitrone
1 EL Tomatenmark
1 EL Preiselbeermarmelade (Konfitüre)
1 EL Ahornsirup
1 Zweig Rosmarin
1 EL Ölivenöl
½ fein geschnittene Zwiebel,
1 kleines Stück Ingwerwurzel (kirschkerngroß)
Salz & Pfeffer

ZUBEREITUNG

Alle Zutaten (ausgenommen Steaks) in eine Schüssel geben und zu einer Marinade verrühren. Dann das Fleisch mindestens eine Stunde, besser über Nacht, in der Marinade ruhen lassen.

Die Steaks erst kurz vor dem Servieren zubreiten. Dazu eine Pfanne, ohne Zugabe von Öl, sehr heiß werden lassen. Die Steaks hineinlegen und vier Minuten von einer Seite anbraten lassen. Dann wenden und nochmals zwei Minuten von der anderen Seite anbraten lassen. Wichtig ist, dass auf der ersten Seite deutlich länger gebraten wird und nach dem Wenden nur mehr kurz auf der anderen.

Steaks auf Tellern anrichten und dazu am besten grüne Bohnen (Fisolen), Blattsalate und Kartoffeln servieren.

Köstlich

Schmallenberg – Geburtsort von TOM ASTOR

Schmallenberg, der Geburtsort Tom Astors, hat einen Rekord zu bieten: Die kleine Stadt im Hochsauerlandkreis ist mit 303 Quadratkilometern die flächenmäßig größte kreisangehörige Stadt im Bundesland Nordrhein-Westfalen und gleichzeitig eine der flächengrößten Städte in Deutschland. Im Mittelalter war Schmallenberg Mitglied der Hanse und bekam später wegen der dort ansässigen Textilindustrie den Beinamen „Strumpfstadt".

Die Anfänge von Schmallenberg liegen im späten 11. Jahrhundert, als Benediktinermönche am Fuß des Wilzenbergs das Kloster Grafschaft gründeten. Zu seinem Schutz wurde auf dem Berg eine kleine, „smale" Befestigung errichtet, die der späteren Ansiedlung den Namen gab.
Bis heute hat sich Schmallenberg zu einer Stadt mit 25.000 Einwohnern entwickelt, in der gleichwohl vieles aus den vergangenen Jahrhunderten erhalten geblieben ist, sodass es sich lohnt, an einer der regelmäßig angebotenen Führungen durch den historischen Stadtkern teilzunehmen. Eine große Anzahl von öffentlichen und privaten Gebäuden in Schmallenberg selbst sowie in den umliegenden Teilgemeinden steht unter Denkmalschutz. Die katholische St. Alexander-Kirche stammt in ihren ältesten Teilen aus dem 13. Jahrhundert, der 50 Meter hohe Turm aus mit Grauwacke verkleidetem Beton wurde allerdings erst 2004 erneuert. Für Tage mit weniger gutem Wetter bietet sich der Besuch eines der neun Museen in Schmallenberg an.

WISSENS INFO

EINE SAGE AUS SCHMALLENBERG

In Schmallenberg lebte einmal ein Mädchen, die hat es allnächtlich um zwölf Uhr nachts aus dem Bette getrieben, dass sie ans Fenster, welches nach dem Kirchhofe hinausging, treten und den Geistern zusehen musste. Das erzählte sie einmal Nachbarsleuten, unter denen auch einer war, der's ihr nicht glauben wollte; da hat sie ihn eingeladen, bei ihr zu wachen, und als sie nun wirklich nachts zwölf Uhr zum Fenster ging, trat er hinter sie und sah über ihre linke Schulter weg zum Kirchhof hinaus. Seit der Stunde war sie's los, aber nun musste er allnächtlich ans Fenster und den Geistern zusehen; da riet ihm endlich jemand, er solle doch einmal einen Hund über seine linke Schulter sehen lassen; das hat er getan und hat nun wieder schlafen können.

Franz Felix Adalbert Kuhn, 1812–1881

HEINO

Der Inbegriff der heilen Welt

Der blonde Sänger mit der dunklen Brille braucht wohl niemandem mehr vorgestellt zu werden. 96,9 Prozent ungestützte Bekanntheit im deutschen Sprachraum zeigen das deutlich. Mit seiner Ehefrau Hannelore bietet Heino seinen Fans bereits seit Jahrzehnten beständiges Liedgut, volkstümliche Klänge und die Sicherheit der „heilen Welt", die er mit seinen Liedern verkörpert. Heino hat bis heute mehr als 50 Millionen Schallplatten verkauft und war in der ganzen Welt (vor allem in den USA, Kanada, Südafrika, Namibia) auf Tourneen. Zu seinem 50-jährigen Bühnenjubiläum und seinem 40-jährigen Schallplattenjubiläum im Jahre 2005 moderierte Heino mit den beiden Co-Moderatoren Stefan Mross und Maxi Arland die Musiksendung „Heino – die Show" in der ARD. 5,8 Millionen Zuschauer sahen die Jubiläumsshow. Im August 2006 trat er zum ersten Mal beim chinesischen „Wetten, dass …?" bei dem Sender CCTV vor über 400 Millionen Fernsehzuschauern auf.

Als gelernter Zuckerbäcker wollte er immer zu seinen Wurzeln zurück und eröffnete in seiner Heimatstadt das berühmte HEINO-Café, das auch wegen der Haselnuss-Torte landesweit bekannt ist.

Für die Münstereifeler ist es schon ein gewohntes Bild, doch viele Besucher stehen und staunen, wenn es „Heino zum Anfassen" in seinem Café gibt. Das Café-Restaurant bietet Gerichte gutbürgerlicher Art, feine Tortenspezialitäten, die Original Heino-Haselnuss-Torte und viele andere Köstlichkeiten.

Münstereifel – Wahlheimat von HEINO

Heino ist gebürtiger Düsseldorfer, hat sich aber irgendwann das idyllische Eifelstädtchen Bad Münstereifel, 30 Kilometer südwestlich von Bonn gelegen, zu seiner Wahlheimat erkoren. Nur zu verständlich, denn der Kneipp-Kurort Bad Münstereifel an der Erft mit seiner bezaubernden Atmosphäre hat nach dem Bau einer Umgehungsstraße den Autoverkehr aus den meisten Teilen seines historischen Stadtkerns verbannt.

Ein Bummel durch die von malerischen Fachwerkhäusern gesäumten, Kopfstein gepflasterten Gassen lohnt sich allemal, denn Bad Münstereifel breitet ein ganzes Bukett von Sehenswürdigkeiten vor seinen Besuchern aus: die romanische Stiftskirche von 1100, das „Romanische Haus“ von 1167, eines der ältesten Natursteinhäuser Deutschlands, das Rathaus aus dem 14. Jahrhundert, die „Römische Glashütte“ und die oberhalb des Städtchens gelegene, ausgedehnte Burganlage aus dem 13. Jahrhundert. Die 1,6 Kilometer lange und aufwändig restaurierte Stadtmauer mit ihren vier Stadttoren, die die Innenstadt vollständig umgibt, kann auf mehr als 200 Meter Länge auf dem wiederhergestellten Wehrgang begangen werden.

In der Umgebung liegen das Radioteleskop Effelsberg mit seiner 100-Meter-Schüssel, ein mittlerweile stillgelegtes 25-Meter-Spiegelteleskop und – neben vielen anderen Spuren der Römer in der Eifel – ein Tempelbezirk bei Nettersheim-Pesch und eine Kalkbrennerei bei Iversheim. Für Regentage gibt es ein breites Angebot an Museen, beispielsweise ein Apotheken-, ein Handweb-, ein Spielzeug- und ein Heimatmuseum. Für die Gesundheit steht das staatlich anerkannte Kneipp-Heilbad zur Verfügung. Rund 200 Kilometer erschlossene und ausgeschilderte Wanderwege im überwiegend bewaldeten Stadtgebiet laden ein, die traumhafte Landschaft um Bad Münstereifel zu erkunden.

KULINARIK INFO

EIFELER DÖPPEKOOCHE

1 kg Kartoffeln werden geschält und grob gerieben. Kartoffelmasse in ein Tuch geben und auspressen. 2 Eier, 1 geriebene Zwiebel, 2 EL Stärke sowie Salz und Muskat zufügen und gut durchmengen. Einen gusseisernen Topf gut einfetten und mit 200 g Speckscheiben auslegen, abwechselnd Kartoffelmasse und Speckscheiben einfügen, obenauf sollte Kartoffelmasse sein. Im Backofen bei 200 °C ca. 2 Stunden backen, bis eine schöne braune Kruste entsteht.

HEINOS HASEL-NUSS-TORTE

Zutaten für 4 Personen

250 g weiche Butter
1 Prise Salz
2 Päckchen Vanillezucker
300 g Zucker
5 Eier
200 g Mehl
6 g Backpulver
60 g gehackte Bitterschokolade
140 g geriebene Haselnüsse
140 g gehackte Haselnüsse

ZUBEREITUNG

Butter, Salz, Vanillezucker und Zucker schaumig rühren, Eier nach und nach unterrühren. Dann Mehl, Backpulver, Bitterschokolade und Haselnüsse trocken vermischen und mit dem Löffel unter die Buttermasse rühren. Eine Springform mit weicher Butter einstreichen und dünn mit Mehl ausstreuen. Die Masse gleichmäßig verteilen und im Umluftofen bei 180 °C 35–40 Minuten backen.

Die ausgekühlte Torte dann mit Schokoladenglasur übergießen und mit ganzen Nüssen dekorieren.

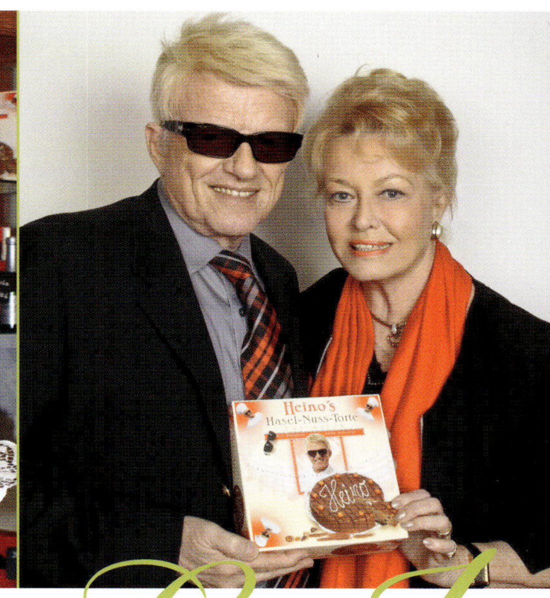

Süße Lust

ANDREA BERG

Die Berührende

Superstar Andrea Berg ist die Ruhe selbst. An einem warmen Herbstnachmittag sitzt sie draußen vor ihrem Haus in der Sonne und trinkt einen Kaffee, genießt ein Stück ihres Lieblingskuchens dazu und wirkt total entspannt. Ein Eindruck, den Deutschlands mit Abstand erfolgreichste Schlagersängerin gerne bestätigt. „Ich bin im letzten Jahr unwahrscheinlich ruhig geworden. Ich lebe mitten im Paradies, bin behütet und habe das Gefühl, dass mir gar nichts Schlimmes passieren kann. Ich bin angekommen. Und ich genieße die positive Energie, die mich umgibt." Andrea ist echt. Dazu ehrlich, authentisch, glaubwürdig. Und ungemein sympathisch. Sie lebt und brennt für ihre Musik. Der Erfolg, sagt Andrea, sei ihr nicht so wichtig. Ihr gehe es ums Berühren – im übertragenen wie im wörtlichen Sinne. „Ich bin unheimlich erfolgreich. Aber ich glaube, dass ich es deshalb bin, weil ich nicht unbedingt erfolgreich sein will. Weil ich nach ‚Du hast mich tausendmal belogen' nicht gedacht habe: ‚Verdammt, das können wir nicht toppen'. Wir haben immer weitergemacht, bis heute. Heute haben wir genug zu essen und zu trinken, ich muss nicht mehr die existentielle Angst haben, die ich noch vor 20 Jahren hatte." Andrea Berg ist die erfolgreichste deutsche Schlagersängerin aller Zeiten und ist trotzdem eine ganz bescheidene Frau und Mutter geblieben. Skandale sucht man bei ihr vergeblich, das ist nicht ihr Stil. Sie will ein bisschen vom Glück, das sie hatte, weitergeben und unterstützt daher das Hospiz in ihrer Heimatstadt Krefeld.

Kulinarisch ist die superschlanke Mittvierzigerin meist diszipliniert, aber bei ihrem Lieblingsrezept, das sie für unser Stadllpost-Kochbuch ausgesucht hat, da genießt sie einfach.

TOPFENSTRUDEL mit VANILLESAUCE

Zutaten für 4 Personen

Topfenstrudel
1 kg Fertig-Blätterteig
1 kg Topfen (Quark)
167 g Butter
200 g Puderzucker
5 Eier
1 Päckchen Vanillezucker
Schale von 1 Zitrone
1 Päckchen Vanillepuddingpulver
170 ml Schlagobers (Schlagsahne)
130 g Rosinen in Rum getränkt
300 g Mandarinen in Spalten

Echte Vanillesauce
12 Eigelb
8 EL Zucker
8 EL Vanillezucker
4 EL Stärkemehl
1,5 l Milch
Mark von 4 Vanilleschoten

ZUBEREITUNG

TOPFENSTRUDEL: Butter, Staubzucker und die raumwarmen Eier schaumig rühren, dann nach und nach ca. die Hälfte des Puddingpulvers und den Rest der Zutaten unterrühren. Danach die Schlagsahne dazugeben und fest aufschlagen. Es soll eine schaumige Masse entstehen. Nun den Topfen dazurühren. Bei der Küchenmaschine verwende ich die Stufe 2–3. Beim Topfen (Quark) ist es wichtig, dass er von ordentlicher Qualität und ziemlich fest ist. Die Masse sollte jetzt von der Konsistenz ungefähr so sein wie handgeschlagene Sahne, kann aber auch manchmal ziemlich flüssig sein. Keine Sorge, sie wird beim Backen fest. Den Blätterteig in 3 Portionen teilen und am Blech so ausbreiten, dass eine Mulde entsteht. Jeweils 1/3 der Topfenmasse hineingeben und die Rosinen und Mandarinenspalten dazu. Mit einem aufgeschlagenen und mit Wasser verdünnten Ei einpinseln und dann den Teigüberhang darüberklappen. Auch außen damit einstreichen. Zwischen die Strudel lege ich zwei Holzleisten, damit sie nicht aneinanderkleben. Auf der zweiten Schiene von unten bei ca. 200 °C rund 45 Minuten backen. Man sollte das Backrohr geschlossen halten bis zum Ende der Backzeit.

ECHTE VANILLESAUCE: Eigelb, Zucker, Vanillezucker und Stärkemehl glatt rühren. Dann die Milch unterschlagen sowie das Mark und die Schote (getrennt) in die Milch geben. Nun auf kleiner Flamme schlagen, bis die Sauce dicklich wird. Sie darf nicht kochen. Die Schote wieder entfernen.
Die warme Vanillesauce zum überkühlten Topfenstrudel servieren.

Genuss pur

Kleinaspach – Heimat von ANDREA BERG

Andrea Berg, die erfolgreichste deutsche Schlagersängerin, kam in Krefeld zur Welt, lebt aber seit inzwischen sieben Jahren mit ihrer Familie im Kleinaspacher Erlebnishotel Sonnenhof, das ihrem Ehemann Ulrich Ferber gehört.

Kleinaspach, zwischen Stuttgart und Heilbronn gelegen, ist ein Ortsteil von Aspach und ein bekannter Weinort am Südrand der Löwensteiner Berge, deren höchste Erhebung der 561 Meter hohe Raitelberg ist. Sehenswert in dem 1357 erstmals urkundlich erwähnten Ort ist die historische Torkelkelter aus dem 16. Jahrhundert, die bis 1936 in Betrieb war und noch vollständig erhalten ist. Außerdem lohnt sich eine Besichtigung der evangelischen Pfarrkirche St. Nicolaus aus dem Jahre 1791. In ihrer Nähe befindet sich ein altes Backhaus von 1844.
Im Nachbarortsteil Rietenau bietet sich eine Wanderung über den Keuperlehrpfad, einen geologischen Lehrpfad mit 21 Stationen, an. An den Schautafeln kann sich der Besucher über die aus verschiedenen erdgeschichtlichen Epochen stammenden Gesteinsschichten der Region informieren.

Eine halbe Autostunde vom Hotel Sonnenhof entfernt liegt der Erlebnispark Tripsdrill, 1929 eröffnet und damit der älteste Park dieser Art in Deutschland. Aus kleinsten Anfängen heraus – zunächst gab es nur einen Mühlenturm und eine Rutsche – entwickelte sich Tripsdrill zu einem aktuell 77 Hektar großen Gelände mit unzähligen Attraktionen, die jährlich 600.000 Besucher anlocken.
So gibt es die Achterbahn „G'sengte Sau", die Holzachterbahn „Mammut", ein Waschzuberrafting, einen Freifallturm, das Weinbaumuseum „Vinarium" und außerdem ein Wildparadies und einen Streichelzoo.

WISSENS INFO

DER HAKENMANN

Eine Viertel Stunde mit dem Auto von Kleinaspach entfernt fließt der Neckar, und in seinen Fluten lebt ein Geist, der Hakenmann. Wenn Kinder nahe am Flussufer spielen, zieht sie der Hakenmann mit einer langen Stange in die Tiefe. Auch den Schiffern kann er gefährlich werden, wenn er das Schiff an den vielen Felsen anstoßen und leck werden lässt. Früher opferten die Schiffer dem Hakenmann einige Hölzer ihrer Ladung oder zahlten ihm am Zollstein, der am Haarlass am rechten Ufer vor Heidelberg lag, einige Münzen. Damit stimmten sie den Neckargeist gütig, um ungehindert durch die Stromschnellen und Untiefen des Neckar zu gelangen.

REINER KIRSTEN

Der Sunnyboy

Als Mitglied der Schwarzwaldfamilie Jäkle stand Reiner bereits mit sechs Jahren als Schlagzeuger auf den Brettern, die die Welt bedeuten. Er lernte Akkordeon und nahm Gesangsunterricht. Neben seinem Beruf als Fernmeldemonteur arbeitete Reiner Kirsten beständig an seiner musikalischen Karriere. Der Sieg in der Schweizer Vorausscheidung zum Grand Prix der Volksmusik 1996 bedeutete gleichzeitig die Entscheidung, sich voll der Karriere als Sänger zu widmen. Bereits das Album „Schmetterling im Regen" übertraf seine kühnsten Erwartungen. Der Sieg in der Vorausscheidung zum Grand Prix der Volksmusik, Platzierungen in der Schlagerparade der Volksmusik und den volkstümlichen Hitparaden in ZDF und ORF sowie eine starke Medienpräsenz machten das Jahr 1996 zum Meilenstein in der Solokarriere von Reiner Kirsten. Mittlerweile ist der deutsche Sunnyboy fixer Bestandteil der deutschen Schlagerlandschaft und gerngesehener Gast in vielen Shows.

Der blonde Sänger liebt die leichte, mediterrane Küche, und daher war es ein logischer Schluss, dass sich Reiner ein sommerliches Salatrezept für unsere Sammlung ausgesucht hat, das er gern selbst zubereitet, ist so ein Salat doch schnell gemacht, dabei auch noch gesund und für den Sommer ideal. Man kann je nach Belieben verschiedenes Gemüse beifügen, und statt Truthahn auch jedes andere Fleisch oder auch Fisch verwenden, um so für Abwechslung zu sorgen.

Elzach – Geburtsort von REINER KIRSTEN

Elzach, der Geburtsort Reiner Kirstens, liegt im Schwarzwald, etwa 25 Kilometer nordöstlich von Freiburg im Breisgau. Die höchste Erhebung des Schwarzwaldes ist der Feldberg im südlichen Teil, der sich bis auf eine Meereshöhe von 1493 Metern erhebt. In aller Welt werden der Bollenhut und die typischen Häuser mit den riesigen, tief heruntergezogenen Krüppelwalmdächern dem Schwarzwald zugeordnet.

Elzach wurde urkundlich erstmals am 5. August 1178 erwähnt. Es unterstand ab dem 13. Jahrhundert den Herren von Schwarzenberg, die ihm um 1290 die Stadtrechte verliehen. Nachdem Elzach lange zum Schwäbischen Reichskreis (1512–1805) gehört hatte, kam es 1805 zum Großherzogtum Baden. Bis 1819 wurde es Sitz eines badischen Bezirksamtes. Historisch von Bedeutung war in Elzach – wie im gesamten Elztal – die Textilindustrie, von der allerdings seit einigen Jahren nichts mehr übrig blieb. Doch sind bis heute Gewerbe und Handel in dem Städtchen lebhaft. Neben Metzgereien, Bäckereien, Schreinerbetrieben, Betrieben des Dienstleistungsgewerbes und zahlreichen Einzelhandelsgeschäften gibt es hier noch Berufszweige, die in anderen Städten und Gemeinden nicht mehr vorhanden sind, so etwa eine Leinenweberei, eine Drechslerei und eine Seilerei. Seit 1606 besteht die Stadtmühle.

Wie vielerorts ist auch in Elzach ein reges Vereinsleben zu beobachten. Besonders hervorzuheben ist die überregional weithin bekannte, traditionsreiche Elzacher Fasnet mit ihrer Hauptfigur dem Elzacher Schuttig. Der Schuttig ist eine Darstellung des wilden Mannes. Typisch für diese Fasnachtsmaske sind die Saublodere (=Schweinsblasen), der mit Schneckenhäusern besetzte Dreispitz sowie das harte, bösartige Auftreten der Figur.

KULINARIK INFO

SCHWARZWÄLDER KIRSCHTORTE

Die Schwarzwälder Kirschtorte hat sich seit über 80 Jahren vor allem in Deutschland verbreitet und wurde rasch zu einer der beliebtesten deutschen Torten. Heutzutage gilt sie als die klassische deutsche Torte schlechthin und ist auf der ganzen Welt bekannt.

Die wesentlichen Zutaten dieser Kalorienbombe sind mit viel Kirschwasser aromatisierte Schokoladen-Biskuitböden, eine aromatisierte Füllung aus Kirschen, viel Schlagobers (Sahne) sowie Schokoladenraspeln als Verzierung.

FEURIGE PUTENSTEIFEN auf SALAT

Zutaten für 4 Personen

500 g Putenbrust
2 Knoblauchzehen
1 großen Kopf Blattsalat
1 Bund Radieschen
1 Feldgurke
1 Paprikaschote
2 Tomaten
1 Bund Jungzwiebel
1 Bund frisches Basilikum
1 EL Weißweinessig
Olivenöl
Chili
Salz & Pfeffer
1 TL Kräutersenf

ZUBEREITUNG

Fleisch in Streifen schneiden, mit Salz, Pfeffer und Chili würzen, in Olivenöl anbraten.

Gemüse waschen und schneiden, frisches Basilikum dazugeben und marinieren. Mit dem scharf angebratenen Fleisch dekorieren und mit frischem Baguette und einem kühlen Soda-Zitron servieren.

Erfrischend

PATRICK LINDNER

Der Solide

Patrick Lindner, gelernter Koch und gern gesehener Promigast in allen TV-Kochshows, zählt zweifellos zu den absoluten Publikumslieblingen der deutschen Musikszene. Mit seinem blendenden Aussehen und seinen hervorragenden Manieren ist er aber auch in der Münchner High Society zu Hause. Nach seinem frühen Outing zur Homosexualität, erfuhr seine steile Karriere vorerst einmal einen kurzen Knick. Zu sehr war sein konservatives Publikum überrascht. Der Sänger des Idyllenhits „Die kloane Tür zum Paradies", das Aushängeschild des positiven, lebensbejahenden deutschen Schlagers, brauchte einige Jahre, um in der Publikumsgunst wieder ganz nach vorne zu kommen.

Es ist dem sympathischen Münchner, der einen mittlerweile 14-jährigen Adoptivsohn hat, gelungen, sich wieder in die allererste Liga der deutsche Schlagerszene zurückzusingen und auch sein Können als Moderator und Schauspieler ringt vielen Kollegen großen Respekt ab.

Wir haben das Rezept von Patrick beim großen Musikantenstadl-Sommer-Kochen in Wien erfahren und selbst verkosten dürfen. Wir können nur sagen: Einfach köstlich – köstlich einfach!

FLEISCHPFLANZERLN à la PATRICK

Zutaten für 4 Personen

800 g Faschiertes (Hackfleisch)
50 : 50 Schwein und Rind
2 große Zwiebeln
2 große oder 4 kleine Eier
1 altbackene Semmel (Brötchen)
Salz & Pfeffer
Knoblauch nach Belieben
1 EL Senf
Öl zum Herausbraten

ZUBEREITUNG

Die Semmel in Wasser einweichen. Die Zwiebeln fein hacken, in einer Pfanne mit ein wenig Öl leicht anschwitzen und zur Seite stellen. Die aufgeweichte und fest ausgedrückte Semmel (Brötchen) mit dem Faschierten (Hackfleisch) und den anderen Zutaten zu einem Fleischteig vermengen. Tennisballgroße Portionen fingerdick flachdrücken und in erhitztem Fett in einer Pfanne braten. Zuerst auf jeder Seite kräftig anbraten, dann langsam durchbraten. Dazu passt ganz hervorragend Zwiebelsenf: Einfach eine Zwiebel klein hacken und in Estragonsenf einrühren.

Gegrilltes Gemüse, wie Paprika und Zuchini oder ein Gurkensalat sind schmackhafte Beilagen.

Herzhaft gut

München – Geburtsstadt PATRICK LINDNERS

München, die Geburtsstadt Patrick Lindners, ist eine Stadt der Gegensätze, ein Ort der Ambivalenz: Sie ist weder typisch bayerisch noch typisch deutsch. Das „Millionendorf" an der Isar vereinigt provinzielle Gemütlichkeit mit weltoffenem Charme.

München ist einzigartig, nicht nur wegen des Prachtboulevards, der Maximilianstraße, nicht nur wegen des architektonischen Schmuckstückes, des Olympiageländes, nicht nur wegen des Hofbräuhauses und des alljährlich auf der „Wiesn" stattfindenden Oktoberfestes, nicht nur wegen Schloss Nymphenburg, dem Sommersitz der bayerischen Kurfürsten und Könige, das inmitten eines der schönsten Barockgärten Deutschlands steht, sondern vor allem wegen der Liebe zum Genuss. Denn kulinarisch bietet München alles, was alle Feinschmeckerherzen höher schlagen lässt: von der Weißwurst bis zum Hummer in Aspik. Man trinkt Bier und Château Lafite, man isst Brez'n und Croissants. Der Englische Garten ist nicht nur Idylle zum Entspannen für Frischluftfanatiker, sondern auch beliebte Stätte für Touristenbesuche, denn im Südosten des Parks, am Chinesischen Turm, findet man ihn: den Biergarten, für den München ebenfalls weltberühmt ist. Die Einheimischen lieben ihre „Freiluftwirtschaft" als beliebten Treffpunkt für geselliges Beisammensein, und für die Touristen ist der Biergarten eine gern besuchte Attraktion, wo zünftige Speisen wie Schweinshaxen, Spareribs und Würstl serviert werden. Und wie es so schön heißt: Am Sonntag gibt die Blasmusik auch noch ihren Senf dazu. Dazu darf das Münchner Weißbier beim Frühschoppen mit den dazugehörigen kesselfrischen Weißwürsten nicht fehlen. Und da die Münchner gerne schön und gut essen, ist es nicht verwunderlich, dass man einige der besten Köche Deutschlands in den Restaurants in München findet.

KULINARIK INFO

BIERWEGWEISER FÜR ZUAGROASTE

Es gibt viele Wege, sich den Unwillen der Bayern zuzuziehen. Am leichtesten schafft man es aber, wenn man sich ein Bier bestellt. Drum ist es ganz wichtig, Grundsätzliches zu wissen und am besten zu verinnerlichen: Das bayerische Bier ist das beste der Welt. Auch wenn der Bayer drüber schimpft, der Gast sollte dies ja nie tun, er hat es nur zu loben. Das Bier in Bayern wird ausgeschenkt in „a Maß" (ein Liter) und „a Halbe" (halber Liter). Auf „spezielle Anfrage" gibt es auch „a Halbe Halbe", also ein Viertelliter Bier im Glas, und die sogenannte „Preißn-Halbe", das sind 0,4 l Bier im Glas.

MAXI ARLAND

Der Entertainer

Der blonde Bayer ist nun längst aus dem Schatten des bekannten Vaters herausgetreten. Er macht sowohl als Schlagersänger als auch als Showmoderator eine sehr gute Figur und zählt damit zu den größten Nachwuchshoffnungen der volkstümlichen Schlagerszene. Seine Sendung „Melodien der Berge", die er im Bayrischen Fernsehen seit einiger Zeit präsentiert, erfreut sich größter Beliebtheit, und der groß gewachsene Star könnte eigentlich längst das „i" hinter dem Max vergessen. Wobei er da mit Hansi Hinterseer einen ebenso prominenten wie erfolgreichen „Leidensgenossen" hat.

Das Multitalent Maxi Arland hat zwar keine Vorbilder, bewundert aber unter anderem den Entertainer Peter Alexander oder Vico Torriani. „Im deutschen Fernsehen gibt es keine Showmaster mehr vom alten Schlag", sagt er. „Diese Lücke würde ich gern schließen. Aber ich muss dafür noch weiter lernen." Singen und Moderieren kann er schon. „Und das mit dem Tanzen krieg ich auch noch hin." Damit lässt sich Maxi Arland jedoch Zeit, denn er weiß: „Als Entertainer reift man mit seinen Aufgaben – das dauert."

Eine billige Kopie der großen Stars möchte er auf gar keinen Fall sein – Maxi Arland will sich seinen eigenen Stil bewahren. Den hat er sich auch bei seiner Rezeptwahl beibehalten. Die würzige Basilikum-Tomaten-Butter als Tüpfelchen auf dem kulinarischen „i" von Maxi Arland.

Chiemsee – die Heimat von MAXI ARLAND

Der beliebte Volksmusiker und Moderator Maxi Arland wurde in Baden-Württemberg geboren und lebt mit seiner Frau in Bayern am idyllischen Chiemsee. Wer dort von Prien aus eine Rundfahrt mit einem der Schiffe der Chiemsee-Schifffahrt unternimmt, der stattet mit Sicherheit auch den beiden im See gelegenen Inseln Herrenchiemsee und Frauenchiemsee einen Besuch ab. Beide bieten sich für herrliche Spaziergänge mit immer neuen Überraschungen an.

Das überwiegend bewaldete Herrenchiemsee wird dominiert von dem vom Märchenkönig Ludwig II. Ende des 19. Jahrhunderts erbauten, aber letztlich nie vollendeten Königsschloss. Es sollte größer und prächtiger werden als das französische Versailles, was zumindest den Spiegelsaal betreffend auch gelungen ist, denn der übertrifft sein Vorbild der Länge nach um immerhin zwei Meter. Doch dann ging dem Erbauer das Geld aus, und die bayerische Regierung weigerte sich, den seelisch labilen König finanziell weiterhin zu unterstützen. Der Herrscher wurde erst für geisteskrank erklärt und dann abgesetzt. Bekanntermaßen fand Ludwig wenig später unter nie ganz geklärten Umständen im Starnberger See den Tod. Der unvollendete Bau auf Herrenchiemsee wurde wenige Jahre später teilweise wieder abgebrochen, um die Symmetrie zu wahren. Heute spülen unzählige Inselbesucher jährlich einen Millionenbetrag in die Kassen der bayerischen Schlösserverwaltung – ein spätes Geschenk des zu seinen Lebzeiten geschmähten Monarchen an den bayerischen Staat.

KULINARIK INFO

FRISCHER FISCH AUS DEM CHIEMSEE

Der Berufsfischfang ist eines der ältesten Gewerbe am Chiemsee, und noch heute ernährt er mehrere Familien am Seeufer und auf der Insel Frauenchiemsee. Im Vordergrund steht heute die Direktvermarktung des Fangs an Touristen und an die regionale Gastronomie. Die jährliche Menge Fisch, die nach alter Sitte mit dem Netz aus dem Chiemsee gezogen wird, beträgt 80 bis 90 Tonnen, vor allem sind dies Renken, Hechte, Zander, Aale und Seeforellen. Auf Frauenchiemsee gibt es zahlreiche Möglichkeiten, Fisch zu essen oder zu kaufen. Neben frischem Räucherfisch, gebratenen Chiemsee-Renken, Zanderfilet und Hechtspießen finden sich auch kulinarische Raritäten wie Tatar von der Renke, Saiblingsnockerl oder Aal auf Stroh. Für den Schutz des Fischbestands ist übrigens gesorgt: So wurde der seltene und beinahe schon ausgestorbene Perlfisch, eine Karpfenart, die es derzeit in keinem anderen See in Deutschland gibt, unlängst wieder erfolgreich im Chiemsee ausgesetzt.

GEGRILLTE LAMMKOTELETTS

Zutaten für 4 Personen

Lammkoteletts
8 Lammkoteletts
4 TL Rosmarin
2 rote Chilischoten
4 Knoblauchzehen
Salz & Pfeffer

Gegrilltes Gemüse
4 Auberginen
4 Zucchini
4 Kartoffeln
4 Zwiebeln
4 kleine Knoblauchknollen
4 bunt gemischte Paprikaschoten
4 EL Olivenöl
5 geschälte und halbierte Knoblauchzehen
3 Lorbeerblätter
Rosmarin- und Thymianzweige

Basilikum-Tomaten-Butter
250 g zimmerwarme Butter
70 g Tomatenmark
1 TL edelsüßes Paprikapulver
½ TL Meersalz
1 Prise Cayennepfeffer
1 Prise Zucker
20 Stück schwarze Oliven ohne Stein
abgezupfte Blätter von ½ Topf Basilikum
1 Knoblauchzehe

ZUBEREITUNG

LAMMKOTELETTS: Zuerst die Marinade für die Koteletts herstellen: Öl, geschnittenen Knoblauch, Rosmarin, geschnittene Chili verrühren, salzen und pfeffern. Die Koteletts mit der Marinade bedecken und 2–4 Stunden marinieren lassen. Nach dieser Zeit das Fleisch 6–8 Minuten von jeder Seite braten oder grillen. Dazu schmecken Folienkartoffeln, Zaziki, Knoblauchbaguette, Oliven.

GEGRILLTES GEMÜSE: Für die Marinade das Olivenöl, die Rosmarin- und Thymianzweige die Lorbeerblätter und die Knoblauchzehen vermischen. Auberginen und Zucchini waschen, längs in etwa 3 mm dicke Scheiben schneiden. Kartoffeln waschen, schälen und ebenfalls in Scheiben schneiden. Zwiebeln schälen und in zentimeterdicke Ringe schneiden. Paprikaschoten waschen, vierteln und entkernen. Die Knoblauchknollen unzerteilt belassen. Das Gemüse in der Marinade mindestens 1 Stunde ziehen lassen.Gemüse auf dem eingeölten Grillrost auf beiden Seiten braun grillen. Den Knoblauch im Ganzen auf den Rost legen und so lange grillen, bis er außen schwarz ist – dann ist das Innere butterweich. Auf einer großen Platte anrichten, mit Salz bestreuen und servieren.

BASILIKUM-TOMATEN-BUTTER: Die zimmerwarme Butter in einer Schüssel mit dem Handrührgerät auf niedrigster Stufe kurz cremig schlagen und mit dem Tomatenmark und den Gewürzen verrühren. Die Oliven fein würfeln, den Knoblauch fein reiben und die Basilikumblätter fein hacken. Alles zusammen unter die Buttermasse mengen.

STEFAN MROSS und STEFANIE HERTEL

Das Traumpaar

Das Traumpaar der Volksmusikszene genießt am liebsten daheim und am liebsten gemeinsam mit ihrer Tochter Johanna. Dabei soll's schnell und einfach in der Küche zugehen, oder man schaut einfach einen Sprung zum Nachbars-Wirten auf eine Maß und eine zünftige Brotzeit vorbei. „Hauptsache die Zutaten sind frisch und von heimischen Bauern", meint Stefanie Hertel. Stefan Mross, der im Sommer mit seiner wöchentlichen Sendung „Immer wieder sonntags" ganz schön im Einsatz ist, ergänzt: „Ja, der Radi und das Bier, das sind für mich die wichtigsten Bestandteile der Brotzeit – auch wenn mei Schatzl sich erst an den Geruch vom frischen Radi gewöhnen musste!" Nachdem Stefanie aber schon länger als 17 Jahre mit einem Bayern zusammen lebt, ist ihr der Radiduft längst vertraut.

BAYERISCHE BROTZEIT

Zutaten für 4 Personen

Obatzter
200 g vollreifer, bayerischer Camembert (50 % Fett i.Tr.)
2 EL weiche Butter
1 fein gehackte Zwiebel
1 TL grob zerstoßener Kümmel
Salz & Pfeffer
1 TL edelsüßes Paprikapulver
1 Zwiebel in Ringen zum Garnieren

Erdäpfelkas
1 kg frisch gekochte, mehlige Erdäpfel (Pellkartoffeln)
100 g Schlagobers (Sahne)
200 g Sauerrahm (saure Sahne)
1 gehackte Zwiebel
Salz & Pfeffer
Schnittlauch

ZUBEREITUNG

OBATZTER: Mit einer Gabel den Camembert zerdrücken und so mit der Butter vermischen, dass eine feinbröckelige Masse entsteht. Zwiebel, Kümmel, Salz und Pfeffer sowie das Paprikapulver nach Geschmack darunter mischen. Mit Zwiebelringen belegen, mit etwas Kümmel bestreuen und stilecht auf einem Holzbrett servieren.

ERDÄPFELKAS: Die Kartoffeln pellen und durch die Kartoffelpresse drücken. Sahne, saure Sahne und Zwiebel darunter mischen, mit Salz und Pfeffer würzen. Kartoffelkäse mit Schnittlauchröllchen bestreut servieren. Gegessen wird der Erdäpfelkas auf Butterbrot geschmiert oder mit einer Brezen.

Urguat

Bayerisches Meer – Heimat von Stefan und Stefanie

Stefanie Hertel stammt aus Oelsnitz im Vogtland, einem landschaftlich reizvollen Fleckchen Erde im Ländereck Bayern, Sachsen, Thüringen und Tschechien, das allerdings als vulkanisch aktivste Gegend Mitteleuropas gilt. Deshalb ist die Region zwar von periodisch wiederkehrenden leichten Erdbeben betroffen, doch verdankt sie diesem geologischen Sonderstatus eine Vielzahl heilkräftiger Quellen. So bilden im Vogtland auf sächsischer Seite die Heilbäder Bad Elster und Bad Brambach mit ihren Radiummineralquellen und auf tschechischer Seite Marienbad, Franzensbad und Karlsbad das sogenannte Bäderfünfeck.

Stefan Mross wurde in Traunstein geboren, unweit des „Bayerischen Meers", wie der Chiemsee auch genannt wird. Er ist Bayerns größter See und der drittgrößte in Deutschland. Wie die meisten Seen in den Voralpen entstand er in einer riesigen Senke, welche die Gletscher der letzten Eiszeit nach ihrem Rückzug vor etwa 10.000 Jahren hinterließen. Im Lauf der Zeit beförderten die beiden Zuflüsse Prien und Tiroler Achen jedoch solche Mengen an Gestein und Geröll in den See, dass er heute nur noch knapp ein Drittel der ursprünglichen Wasserfläche bedeckt und ständig weiter verlandet. Der Chiemsee ist aber mit rund 80 Quadratkilometern immer noch so groß, dass sich in einem kalten Winter alle Einwohner Deutschlands auf die Eisfläche stellen könnten und dabei jeder einen ganzen Quadratmeter Platz hätte. Namenspatron für den Chiemsee und das ihn umgebende Gebiet war übrigens ein gewisser Graf Chiemo, der hier im 7. Jahrhundert lebte. Die drei Inseln im Chiemsee sind Herrenchiemsee, so benannt nach dem ehemals dort befindlichen Chorherrenstift der Augustiner, Frauenchiemsee mit dem Nonnenkloster Frauenwörth sowie die genau zwischen den beiden gelegene, unbewohnte Krautinsel.

KULINARIK INFO

DIE BROTZEIT

Typischerweise gehört dazu ein würziges Brot, verschiedene kräftige Wurst- und Käsesorten, Schinken, Geselchtes und Presssack, eine Kochwurst aus Schweinefleisch und -schwarten, gern auch Obatzter, eine pikante Käsemischung. Dazu gibt es Radieschen und den in Spiralen oder Scheiben geschnittenen „Radi", süddeutsch für den Rettich. Nach Meinung vieler Kenner passt zur Brotzeit am besten ein Bier aus dem traditionellen Steinkrug, dem Keferloher. Wie sehr die Brotzeit zur bayerischen Esskultur gehört, zeigt die Regelung in der Bayerischen Biergartenverordnung, nach der dort sogar selbst mitgebrachte Brotzeiten verzehrt werden dürfen – was in anderen Gegenden Anlass für ein Hausverbot wäre.

„Der Philosoph Laotse
stellte sogar die Formel auf:
Essen und Sex gleich Natur.
Das passt freilich gar nicht
in den protestantischen Teil
von Württemberg. Dort isst man nicht
wegen der Potenz, sondern
damit nichts übrigbleibt."

Manfred Rommel (*1928), dt. Politiker (CDU), 1974–96 Oberbürgermeister Stuttgart, 1995–99 Koordinator f.d. dt.-frz. Zusammenarbeit

Nirgends gibt es mehr Genüsse auf einem Fleck

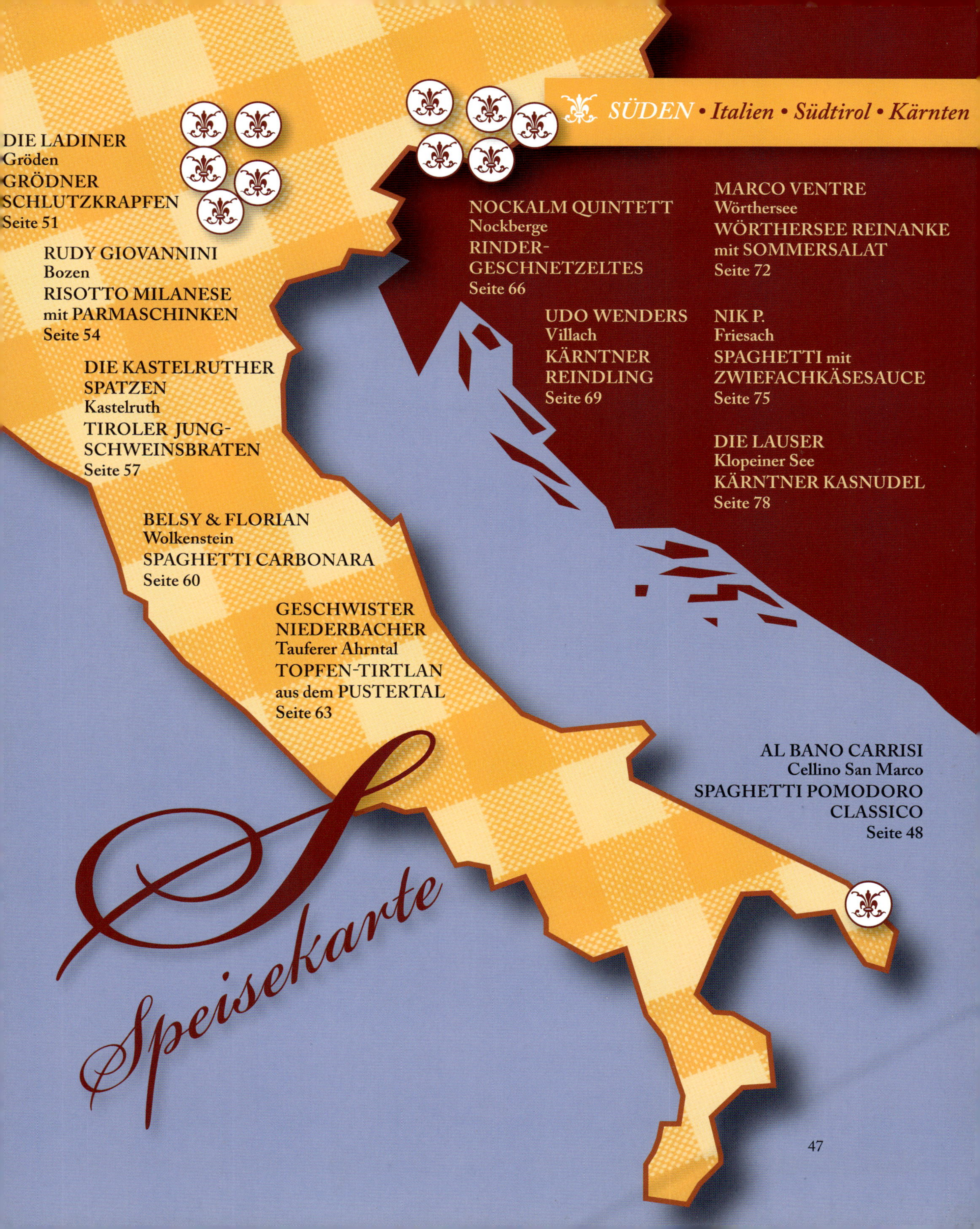
SÜDEN • Italien • Südtirol • Kärnten
DIE LADINER
Gröden
GRÖDNER SCHLUTZKRAPFEN
Seite 51
RUDY GIOVANNINI
Bozen
RISOTTO MILANESE mit PARMASCHINKEN
Seite 54
DIE KASTELRUTHER SPATZEN
Kastelruth
TIROLER JUNG-SCHWEINSBRATEN
Seite 57
BELSY & FLORIAN
Wolkenstein
SPAGHETTI CARBONARA
Seite 60
GESCHWISTER NIEDERBACHER
Tauferer Ahrntal
TOPFEN-TIRTLAN aus dem PUSTERTAL
Seite 63
NOCKALM QUINTETT
Nockberge
RINDER-GESCHNETZELTES
Seite 66
UDO WENDERS
Villach
KÄRNTNER REINDLING
Seite 69
MARCO VENTRE
Wörthersee
WÖRTHERSEE REINANKE mit SOMMERSALAT
Seite 72
NIK P.
Friesach
SPAGHETTI mit ZWIEFACHKÄSESAUCE
Seite 75
DIE LAUSER
Klopeiner See
KÄRNTNER KASNUDEL
Seite 78
AL BANO CARRISI
Cellino San Marco
SPAGHETTI POMODORO CLASSICO
Seite 48
Speisekarte

AL BANO CARRISI

Der Unverkennbare

Seine unverkennbare Stimme, die dazu fähig ist, unerwartete Höhen in perfekter Tongebung zu erreichen, machte aus Al Bano schnell einen Publikumsliebling. Im Kielwasser des großen Erfolgs schrieb er selbst viele Lieder „Io di notte“, „Nel sole“, „Pensando a te“, „Acqua di mare“, „Mezzanotte d'amore“; mit einigen davon wurden erfolgreiche Filme gedreht – acht insgesamt, mit einheimischen Schauspielern erster Klasse. Genau während der Dreharbeiten zu „Nel Sole“ lernte er das Mädchen kennen, das einige Zeit später seine Frau wurde: Sie heirateten am 26. Juli 1970 in Cellino San Marco. Das Duo Albano & Romina Power erblickte das Licht der Welt. Hits wie „Felicita“ machten die beiden rund um die Welt bekannt. Einen Schicksalsschlag im Leben von Al Bano Carrisi und seiner Frau Romina stellte 1994 das plötzliche und unerwartete Verschwinden ihrer ältesten Tochter Ylenia dar. Zuletzt wurde die damals 24-Jährige im französischen Viertel von New Orleans (USA) gesichtet. Die Eltern gaben eine Vermisstenanzeige auf; diverse Medien aus Italien und den USA berichteten wochenlang darüber. Die Ehe von Al Bano und Romina wurde durch diesen Schock auf eine harte Probe gestellt, die sie nicht bestand. Noch vor der Trennung und späteren Scheidung veröffentlichte das Paar das Album „Emozionale“ mit vielen Anspielungen auf das rätselhafte Verschwinden ihrer Tochter. Besonders die Single „Dammi un segno“ („Gib mir ein Zeichen“) gibt Einblicke in das Gefühlschaos der Eltern.

Nach einer kurzen Schaffenspause, in der sich Al Bano auf sein herrliches Weingut in Italien zurückzog, brachte der Sänger wieder zahlreiche sehr erfolgreiche Alben auf den Markt. Das „Great Italian Songbook“ ist der aktuellste musikalische Wurf des lebenslustigen Sängers, der auf seine Wurzeln besonders stolz ist.

Aus dem riesigen Fundus an italienischen Köstlichkeiten, hat sich Al Bano für uns einen Klassiker ausgesucht. Das hier angeführte Rezept für Spaghetti Pomodoro Classico ist ein wahres Gedicht! „Spaghetti Pomodoro“ ist die Spaghetti-Variante, auf die Kenner der italienischen Küche wahre Lobeshymnen anstimmen. Selbst berühmte, mit Hauben- oder Michelin-Sternen gekrönte Köche wissen immer öfter das scheinbar so Simple, Naturbelassene zu schätzen.

SPAGHETTI POMODORO CLASSICO

Zutaten für 4 Personen

1,2 kg sonnengereifte Tomaten
3 EL Olivenöl extra vergine
1 Prise Zucker
2 Zehen Knoblauch
1 frische, rote Peperoncinoschote
Salz
frisch geriebener Pfeffer

Zum Aromatisieren:
3 feingehackte eingelegte Sardellenfilets
oder
2 Stängel frischer Rosmarin
oder
1 Hand voll frischer Basilikumblätter

ZUBEREITUNG

Tomaten waschen, mit einem scharfen Messer einritzen und mit kochendem Wasser übergießen. Nach fünf Minuten das Wasser abgießen und die Tomatenhaut abziehen. Tomatenkerne sowie -flüssigkeit weitgehend ausdrücken, den Rest in grobe Würfel schneiden. Unterdessen Olivenöl in einem Topf langsam erhitzen und eine in feine Scheibchen geschnittene Knoblauchzehe sowie den eingeritzten Peperoncino darin anbraten. Den Knoblauch herausnehmen, bevor er braun wird (sonst wird er bitter), auch Peperoncino entfernen. Das Produkt dieser Kunst, das Öl mit den Geschmäckern aus Knoblauch und Peperoncino anzureichern, nennt man in Italien „soffrito". Ins heiße „soffrito" die Tomatenwürfel geben und bei offenem Topfdeckel aufkochen lassen, dann eine Prise Zucker dazugeben. 10 Min. – immer bei offenem Topf – köcheln lassen. Nach Belieben mit Sardellen oder Rosmarin aromatisieren. Nochmals unter gelegentlichem Rühren 20–30 Min. köcheln lassen (der Sugo gewinnt, je länger er vor sich hin blubbert). Kurz vor dem Servieren Rosmarin entfernen, salzen, pfeffern und feingehackten Knoblauch sowie nochmals etwas Olivenöl zugeben – ganz kurz aufwallen lassen. Zu frisch gekochtem Hartweizengrieß servieren. Wer die Basilikumvariante gewählt hat, bestreut die Pasta nun auch mit feinen Streifen des gehackten Krauts. Frisch geriebener Parmesan oder Grana ist eine passende Ergänzung.

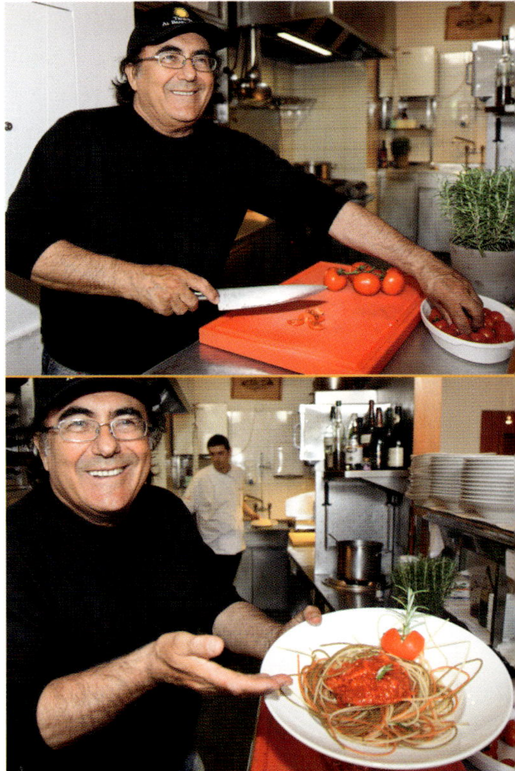

Fantastico

Cellino San Marco – Heimat AL BANO CARRISIS

Cellino San Marco, der Geburts- und Heimatort von Al Bano Carrisi, liegt an der südlichen Adria, in Apulien, besser bekannt als der Absatz des italienischen Stiefels.

Apulien ist bis heute ein Geheimtipp geblieben und bietet dem Kenner viele landschaftliche und architektonische Besonderheiten, die man in diesem doch recht abgelegenen Teil der Apenninenhalbinsel nicht unbedingt vermutet. Gleichwohl ist der schmale Landstrich zwischen dem Adriatischen Meer und dem Golf von Tarent uraltes Kulturland. Prächtige Kathedralen, prunkvolle Barockstädte und pittoreske Fischerorte wechseln sich ab mit sanft gewellten Hügellandschaften, ausgedehnten Weinbergen, Olivenplantagen und endlosen Stränden mit schneeweißem Sand und kristallklarem Wasser. Prägend für diese Region sind die landestypischen Rundbauten mit den spitzen Kegeldächern, die im Italienischen „trulli“ genannt werden und oftmals auch als Ferienhaus zur Verfügung stehen. Immer wieder trifft man bei der Fahrt durch Apulien auf Kastelle, die bereits in der Zeit des Stauferkaisers Friedrich II. im 13. Jahrhundert entstanden sind. Unbestritten als Wahrzeichen gilt das achteckige „Castel del Monte“ in der Nähe von Andria, auch die „Krone von Apulien“ genannt, das den Geschichtsforschern bis heute Rätsel hinsichtlich seiner Zweckbestimmung aufgibt.

Das milde Klima, das in Apulien vorherrscht, erlaubt nicht nur eine Badesaison von Mai bis in den Oktober hinein, sondern macht diese Region auch zu einem bevorzugten Weinanbaugebiet. Al Bano Carrisi hat sein Weingut Azienda Vinicola Tenute Al Bano Carrisi von seinem Vater Don Carmelo geerbt und zu einem erfolgreichen Unternehmen ausgebaut. Berühmt ist der „Don Carmelo“, ein Wein, den Al Bano nach seinem Vater benannt hat.

KULINARIK INFO

SPAGHETTI UND CO.

Was bei uns schlichtweg Nudeln heißt, das trägt südlich der Alpen, dort, wo der italienische Sprachraum beginnt, den klangvollen Namen Pasta, was die Vielfältigkeit dieses Nahrungsmittels hinsichtlich der Formen und der Farben nicht einmal annähernd beschreibt. Fast scheint es, als hätten die Italiener ihrer Pasta für jedes Rezept eine andere Gestalt verliehen, und damit nicht genug, färbt man den Teig auch noch wahlweise mit Tomaten, Spinat oder sogar mit der Sepia der Tintenfische ein, was dann rote, grüne oder eben schwarze Pasta ergibt.

DIE LADINER

Die Legendären

Der Klang der Ladiner-Lieder ist unverwechselbar und löst in den Herzen der Fans ein Wohlbehagen aus. Dieses Wohlbefinden, das sehr viel mit Wiedererkennung, mit Zustimmung und Verständnis für die teilweise auch besinnlichen Texte zu tun hat, macht die Ladiner zur „Legende". Gewiss, gewiss – der Obwohl der Begriff „Legenden" bisweilen allzu stark strapaziert wird, trifft die Bezeichnung mittlerweile auf Joakin und Otto fast zu. Sie sind legendär, spätestens seit ihrem Titel „Beuge dich vor grauem Haar", der das erste Mal das Thema Altern behandelte und den Umgang der heutigen Gesellschaft damit demonstrierte.

Natürlich haben sie ihre Musik behutsam weiterentwickelt, ohne ihren gewohnten und unverkennbaren „Ladiner-Klang" zu verfälschen oder gar zu verleugnen. Die beiden Musiker gehören seit Jahren zur absoluten Top-Riege der Musikanten aus Südtirol und locken Jahr für Jahr tausende Fans aus ganz Europa zu ihrem Ladiner Open Air nach St. Ulrich Runggaditsch bei Gröden.

Traditionen haben in den ladinischen Tälern einen hohen Stellenwert. Am bekanntesten ist die Holzschnitzkunst des Grödnertals, die auf das 16. Jahrhundert zurückgeht und sich bis heute erhalten hat. Was aber besonders beliebt ist, sind die kulinarischen Spezialitäten Südtirols, die ebenfalls auf Überlieferungen beruhen, wie die Speckknödel, Krapfengerichte im Allgemeinen und im Besondereren: Schlutzkrapfen. Die Ladiner haben für unser Kochbuch ihr Lieblingsrezept zur Verfügung gestellt.

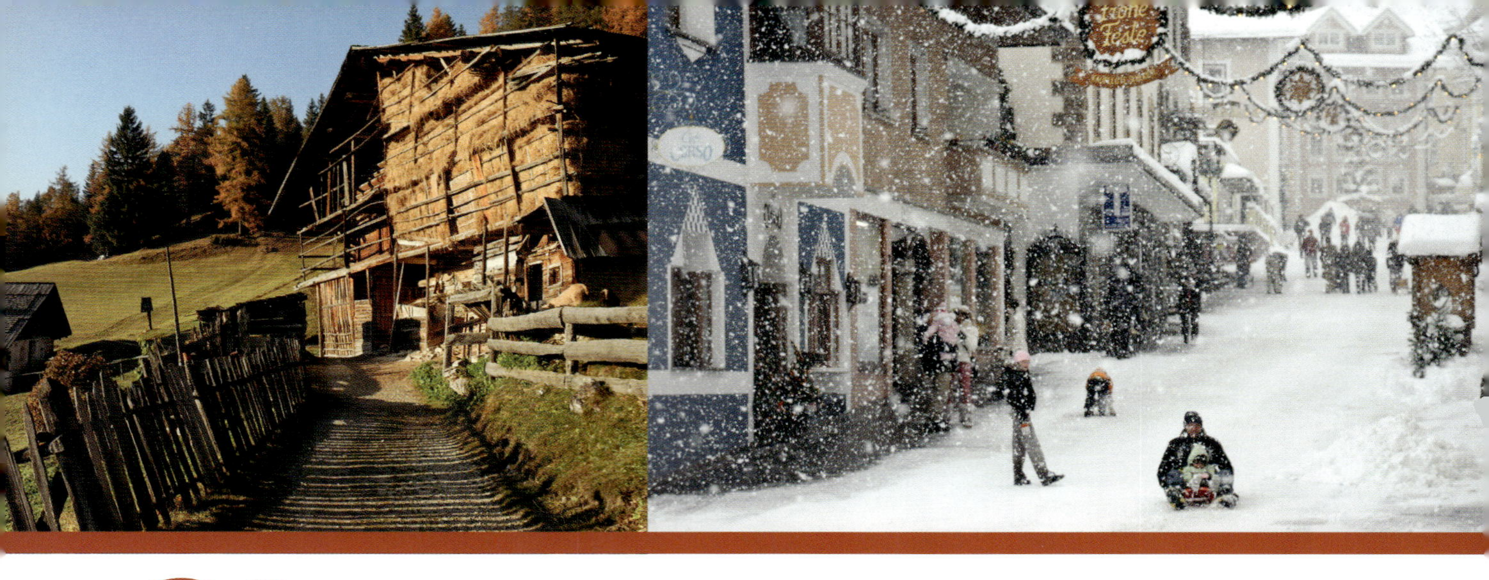

Gröden – die Heimat der LADINER

Die beliebte Gesangsgruppe „Die Ladiner“ aus Gröden hat ihren Namen von ihrer Muttersprache, dem Ladinischen, hergeleitet.

Ladinisch gehört als ein „Restlateinisch“ zu den romanischen Sprachen, hat aber mit dem Italienischen wenig gemeinsam und wird heute von ungefähr 30.000 Menschen im Grödnertal, im Gadertal, im Fassatal, im Tal von Buchenstein und in Cortina d'Ampezzo gesprochen. Diese Bevölkerungsgruppe, die im südöstlichen Südtirol sowie in den angrenzenden Gebieten der Provinzen Trient und Belluno zu Hause ist, gehört zu den von der EU anerkannten sprachlichen Minderheiten in der Union. Dabei gibt es eigentlich gar keine einheitliche ladinische Sprache, denn in jeder der oben genannten Sprachregionen wird ein eigenes Idiom gesprochen. In den 1990er-Jahren gab es Bestrebungen, eine standardisierte ladinische Sprache einzuführen. Das blieb aber letztlich ohne Erfolg, weil das in der ladinischen Bevölkerung keine Akzeptanz fand.

In den drei Gemeinden des Grödnertals, der Heimat der Ladiner, sprechen mehr als 80 Prozent der Menschen ladinisch, deswegen ist die Sprache dort und in einigen anderen Orten offiziell als Behörden- und Schulsprache anerkannt.

Dem Tourismus tut die andere Sprache indes keinen Abbruch, die Regionen mit ladinisch sprechender Bevölkerung verzeichnen im Sommer wie im Winter Hunderttausende von Übernachtungsgästen.

KULINARIK INFO

TURTRES – eine ladinische Spezialität

Die ladinische Küche lebte Jahrhunderte hindurch nach dem Grundsatz: Nimm, was da ist, und mach das Beste draus! Denn bis der Tourismus zu ihnen kam, waren die Menschen in den entlegenen Tälern bettelarm. So entstanden auch die Turtres, Teigtaschen mit einer Füllung aus Spinat, Quark oder Sauerkraut, bisweilen auch Kartoffeln oder Mohn, die dann frittiert werden. Früher waren sie am Sonntag eine Art Belohnung für die Bauern, die während der Woche hart gearbeitet hatten. Weitere traditionelle ladinische Gerichte sind die Gerstensuppe Panicia und Furtaies, ein spiralförmig in heißem Fett ausgebackener Teig, der mit Puderzucker bestreut und mit Preiselbeer-marmelade serviert wird.

GRÖDNER SCHLUTZKRAPFEN

Zutaten für 4 Personen

Teig
500 g Weizenmehl
(glatt & griffig 1:1)
5 Eier
1 Prise Salz

Fülle
150 g Bergkäse
100 g Kartoffeln, gekocht und passiert
2 EL Sauerrahm
1 Ei zum Bestreichen
1 Bd. Petersilie
frisch geriebene Muskatnuss
Salz & Pfeffer
Butter
Parmesan, frisch gerieben

ZUBEREITUNG

Alle Teigzutaten zu einem geschmeidigen Teig verarbeiten, mit Frischhaltefolie abdecken und eine halbe Stunde rasten lassen. Den Bergkäse in kleine Würfel schneiden und gut mit den Kartoffeln, Sauerrahm, Petersilie, Muskatnuss, Salz und Pfeffer vermengen. Den Nudelteig dünn ausrollen und Kreise von ca. 5 cm Durchmesser ausstechen. Die Käsefüllung in die Mitte der Kreise setzen, die Teigränder mit Ei bestreichen und zusammenklappen. Die Ränder mit einer Gabel andrücken. Die Teigtaschen in siedendem Salzwasser drei bis vier Minuten ziehen lassen. Wenn sie hochsteigen, sind sie fertig. Anschließend gut abtropfen lassen und anrichten. Mit gebräunter Butter übergießen und mit Parmesan bestreuen. Dazu Salat oder Krautsalat mit Speck servieren. Wenn man die Kreise etwas größer macht, kann man die Kanten der Teigtaschen wie einen Zopf hochdrehen und einschlagen. Sieht noch schöner aus.

Am besten schmeckt dazu natürlich ein Glas Südtiroler Rotwein, etwa ein Kalterer See Auslese.

Gschmackig

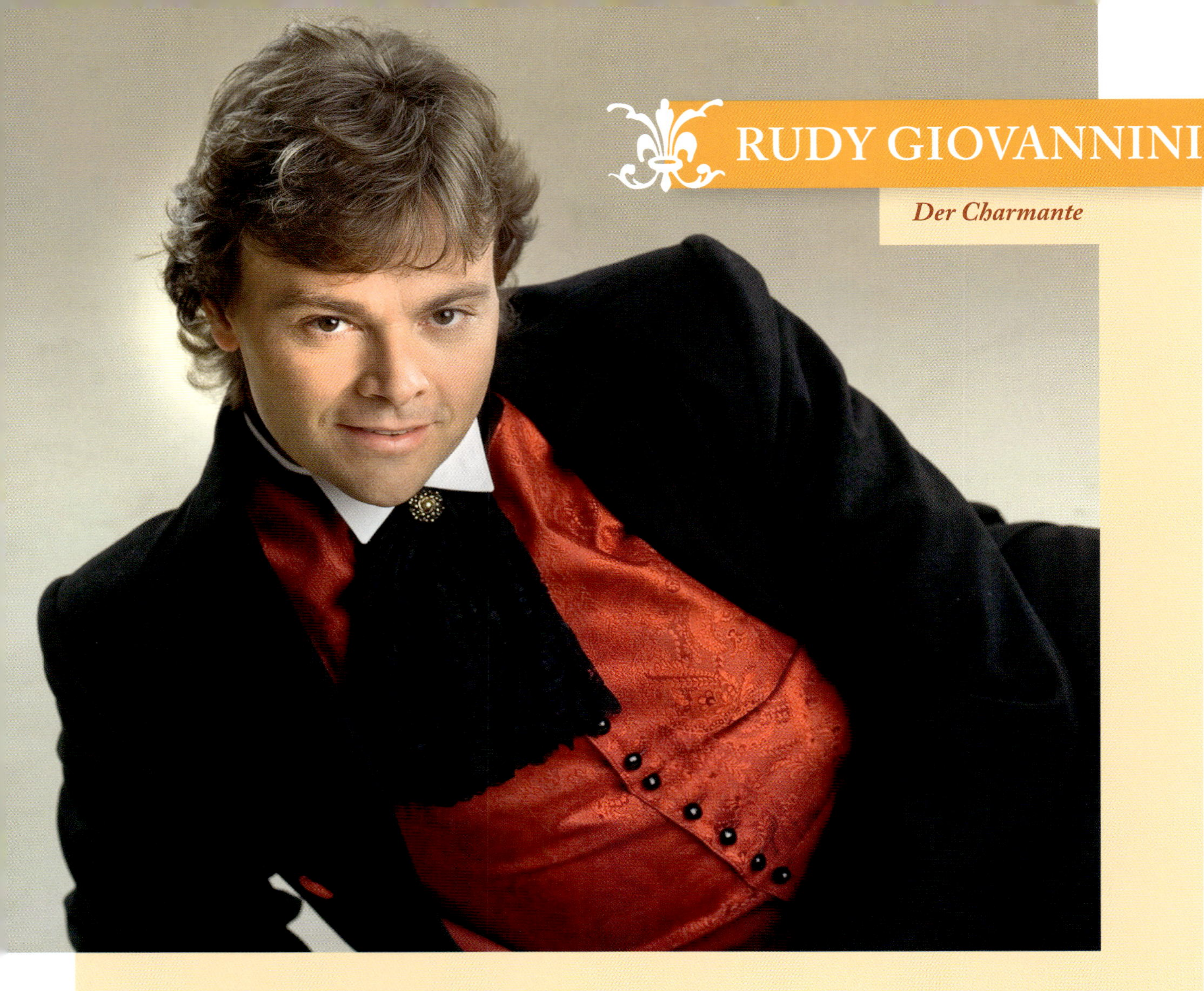

RUDY GIOVANNINI

Der Charmante

Einzigartige Stimme, Charme, viel Humor und italienisches Temperament – wer ihn einmal live erlebt, der ist so begeistert und verzaubert, dass er ein Leben lang ein Rudy-Giovannini-Fan bleibt!

Aber auch abseits der Bühne ist Rudy immer gern bereit, sich seinen Fans zu widmen. Für Rudy ist es Ehrensache, für Fotos, Autogramme und so manche persönliche Plauderei zur Verfügung zu stehen. „Schließlich hören sich die Menschen an, was ich zu erzählen hab', mit meiner Musik und meinen Liedern", erklärt Rudy seine Publikumsnähe. Sein neues Album „Die schönsten Lieder aus dem Süden" trägt diesen Titel nicht zu Unrecht. Kaum ein anderer Sänger kann diese wunderschönen italienischen Klänge mit so viel Authentizität, Intensität und ohne jeden Kitsch interpretieren wie Rudy Giovannini.

Passend dazu hat sich Rudy ein typisch italienisches Gericht – abseits der Nudeln – ausgesucht. Sein Risotto ist einfach nachzukochen und schmeckt phantastisch.

RISOTTO MILANESE mit PARMASCHINKEN

Zutaten für 4 Personen

80 g Rundkorn- oder Risottoreis
50 g Parmaschinken
50 g Parmesan (Grana)
2 fein gehackte Schalotten
50 g Butter
1 fein gehackte Knoblauchzehe
1 l Fleisch-, Hühner- oder Gemüsesuppe (eventuell Würfel)
125 ml Weißwein
2 g Safranfäden

ZUBEREITUNG

Butter in einem Topf zerlassen, Schalotten und Knoblauch darin andünsten und den Reis dazugeben. Sobald alles glasig geworden ist, mit heißer Suppe ablöschen. Safran hinzufügen, bei geringer Hitze köcheln lassen, dabei immer wieder umrühren. Sobald die Flüssigkeit aufgesogen ist, wieder mit Suppe und Weißwein aufgießen. Ständig rühren, damit nichts anbrennt. Das Ganze so lange wiederholen, bis der Risotto weich, aber bissfest ist. Topf vom Herd nehmen, Parmesan und Butter in großen Flocken mit dem Kochlöffel unterrühren. Die Menge der eingearbeiteten Butter ist für den Geschmack von großer Bedeutung. Auf Tellern anrichten, mit frisch geriebenem Parmesan bestreuen und mit Parmaschinken-Streifen belegt servieren.

Eccelente

Bozen – Heimat von RUDY GIOVANNINI

Seine Wurzeln hat der im Zeichen des Skorpions Geborene Sänger in Leifers, zehn Kilometer von Bozen entfernt. Hier tankt er auch immer wieder die Kraft für seine zahlreichen Auftritte in ganz Europa. Gemeinsam mit seiner langjährigen Lebensgefährtin Franca fühlt sich Rudy hier einfach daheim.

Bozen mit seinen etwas mehr als 100.000 Einwohnern ist die Hauptstadt von Südtirol, in der Amtssprache Italiens als „Autonome Provinz Bozen-Südtirol“ bezeichnet. Seit der Gründung als Markt Ende des 12. Jahrhunderts und der Erhebung zur Stadt im Jahr 1265 ist Bozen ein wichtiges Handelszentrum, denn es liegt verkehrsgünstig an den Hauptverbindungen von Venedig zu den Städten nördlich der Alpen, die durch das westlich gelegene Etschtal und das Eisacktal im Osten führen. In Bozen zeigt sich das Nebeneinander der beiden in Südtirol vorherrschenden Kulturen besonders deutlich, denn hier begegnet der Süden der Alpen dem Norden Italiens, hier mischt sich das Italienische mit dem Deutsch-Österreichischen. Architektonische Hauptsehenswürdigkeit Bozens und gleichzeitig Wahrzeichen ist der aus dem 16. Jahrhundert stammende Dom, und in der Altstadt sind die gotischen Arkaden, „Lauben“ genannt, bis heute das Einkaufszentrum der Stadt. Einer der bekanntesten „Bewohner“ Bozens ist die Gletschermumie „Ötzi“, die im Südtiroler Archäologiemuseum ausgestellt ist.

WISSENS INFO

DER KALTERER SEE

15 Kilometer südwestlich der Südtiroler Hauptstadt Bozen liegt die Marktgemeinde Kaltern, umgeben von einer fast mediterran wirkenden Landschaft mit Wald, Obstwiesen und unzähligen Weingärten. Der wenige Kilometer südlich gelegene Kalterer See, der wärmste Badesee der Alpen und wegen der gleichförmigen südlichen Windströmung bei Seglern und Surfern als Wassersportparadies beliebt, ist Namensgeber für den bekannten Wein der Region, den Kalterer See Auslese. Unter diesem Namen wird der leichte, aus der Vernatschtraube gepresste Rotwein vertrieben und mit großem Erfolg weltweit verkauft. Der Kalterersee schmeckt angenehm mild und fruchtig, bisweilen ein wenig nach Bittermandel. Er wird bei 14–16 °C serviert und passt bestens zu Vorspeisen und Tiroler Gerichten wie Speck und Wurst, aber auch zu weißem Fleisch und mildem Käse. Inzwischen haben die örtlichen Winzer auch andere Weine in ihr Programm aufgenommen, gleichwohl ist der Vernatsch die im Bereich von Kaltern am häufigsten angebaute Traube geblieben.

KASTELRUTHER SPATZEN

mit Frontmann Norbert Rier

Sie sind das Nonplusultra der volkstümlichen Musik. Keine Musikgruppe hat jemals so viele Auszeichnungen erhalten wie die Kastelruther Spatzen. Nach Veröffentlichung der ersten CD, die bereits vergoldet wurde, erschien in der Folgezeit fast jährlich eine neue CD, die sich allesamt fast ausnahmslos zu Bestsellern entwickelten.

1990 nahm die Gruppe für Deutschland (Südtirol nahm noch nicht am Bewerb teil) beim Grand Prix der Volksmusik teil und siegte mit dem Lied „Tränen passen nicht zu dir". Es folgten zahlreiche Hits und Auftritte in diversen Fernsehsendungen im gesamten deutschsprachigen Raum. Heute haben die Kastelruther Spatzen bereits über hundert Goldene Schallplatten. Sie ist die erfolgreichste deutschsprachige Gruppe des volkstümlichen Schlagers. Allein die Trophäen des ECHO-Preises haben die Spatzen 13 Mal in ihren Regalen daheim in Kastelruth stehen.

Der Frontman der Gruppe, Frauenliebling Norbert Rier, trägt mit seiner unverwechselbaren Stimme natürlich einen Hauptteil dieses Erfolgs mit. Auch ohne die obligate Tracht mit den schwarzen Lederstiefeln erkennen die Fans ihren „Norbi", wie sie ihn liebevoll nennen, auf der Straße.

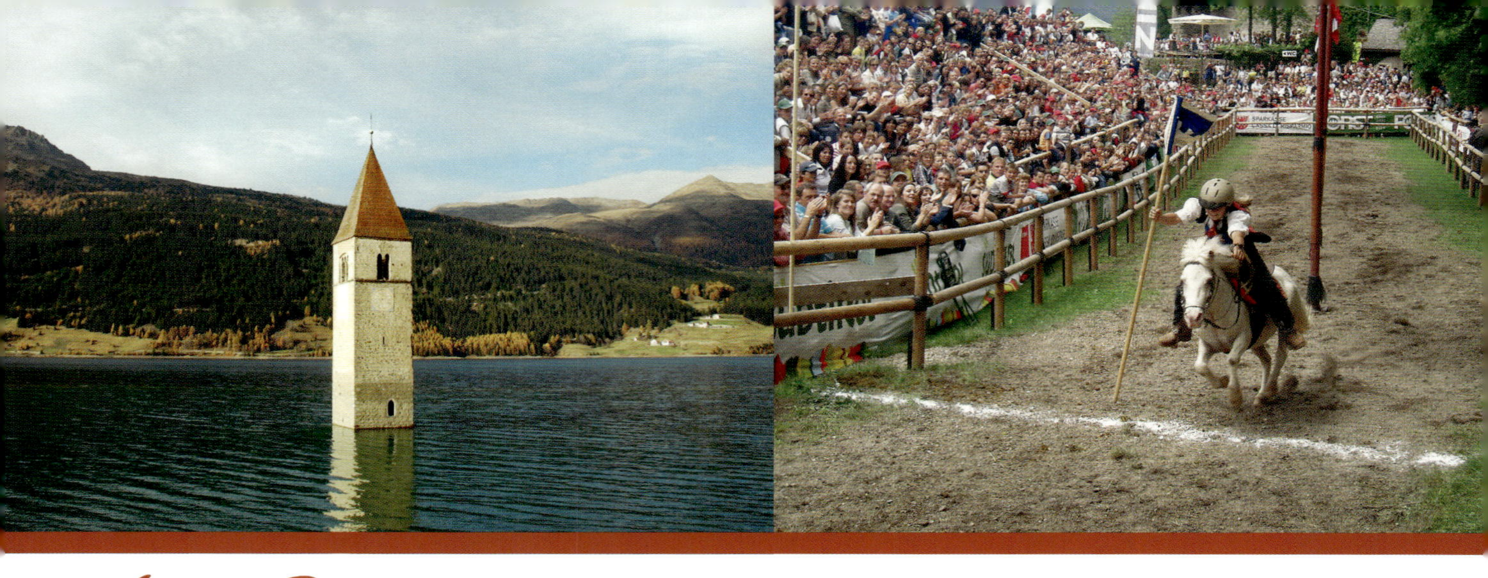

Kastelruth – die Heimat der Kastelruther SPATZEN

Es gibt wohl nur wenige Ortschaften im deutschsprachigen Raum, deren Namen so eng mit der Volksmusik in Verbindung stehen, wie es bei Kastelruth der Fall ist. Die Marktgemeinde im Südtiroler Eisacktal mit ihren knapp 6500 Einwohnern ist Namensgeberin der mehrheitlich von dort stammenden Gesangs- und Musikgruppe Kastelruther Spatzen und profitiert natürlich von deren hohem Bekanntheitsgrad.

In Kastelruth ist das ganze Jahr über etwas los, so der Oswald-von-Wolkenstein-Ritt Ende Mai, das Kastelruther-Spatzen-Open-Air Mitte Juni, das Kastelruther Dorffest Ende August und das Kastelruther Spatzenfest Mitte Oktober.

Dabei hat Kastelruth auch sonst noch viel zu bieten, denn eine Beschreibung des Ortes und seiner Umgebung liest sich wie eine Hitliste touristischer Attraktionen. Das beginnt schon in Kastelruth selbst. Bereits von weitem ist der markante Glockenturm der barocken Pfarrkirche Peter und Paul zu sehen, der sich aus dem schmucken historischen Dorfkern erhebt. Wer sich die Mühe macht, die 325 Stufen im Turm hinaufzusteigen, der wird mit einem herrlichen Ausblick aus 88 Meter Höhe belohnt. Gleich südlich von Kastelruth liegen die Naturschönheiten Seiser Alm, Schlern und Rosengarten. Die Seiser Alm, auf über 2000 Meter Höhe gelegen, ist mit ihren 57 Quadratkilometern die größte Hochalm Europas und bietet ein Wanderwegenetz von mehr als 300 Kilometer Länge. Die Seiser Alm wird überragt vom Schlern, einem 2500 Meter hohen Berg, der wiederum eine Hochfläche trägt und seiner charakteristischen Form wegen als Wahrzeichen Südtirols angesehen wird.

Im Südosten der Seiser Alm erhebt sich die Bergkette des sagenumwobenen Rosengarten, wo der Zwergenkönig Laurin gewohnt haben soll.

WISSENS INFO

DIE VERSUNKENE KIRCHE

Im Südtiroler Vinschgau liegt der Reschensee, ein Stausee von etwa sechs Kilometer Länge und einem Kilometer Breite. Beim Aufstauuen in den 1950er-Jahren wurden alle 163 Wohn- und Landwirtschaftsgebäude des alten Dorfes Graun gesprengt, bis auf den romanischen Kirchturm aus dem 14. Jahrhundert, der noch immer einsam aus den Fluten ragt. Vor allem im Winter, wenn der See zugefroren ist und man auf dem Eis bis an den Turm heran kommt, bietet sich ein Anblick von eigentümlicher Schönheit. Bei niedrigem Wasserstand kann der Kirchturm auf einem Rundweg umwandert werden.

TIROLER JUNGSCHWEINSBRATEN

Zutaten für 4 Personen

1,2 kg Jungschweinsbraten (mit Schwarte)
6 Knoblauchzehen
Salz & Pfeffer
2 TL ganzer Kümmel
2 Zwiebeln
500 ml Rindssuppe
etwas Schweineschmalz
Bier

Bierkraut

600 g gehobeltes Weißkraut
2 Zwiebeln
100 g Speckwürfel
2 EL Honig oder Zucker
250 ml Bier
Kümmel
Wacholder
Salz & Pfeffer
Lorbeerblatt
Öl

6–8 Knödel

6 Semmeln (Brötchen) vom Vortag oder ca. 200 g Semmelwürfel
125 ml heiße Milch
1 kleine Zwiebel
30 g Butter
2 EL gehackte Petersilie
2 Eier
geriebene Muskatnuss
gemahlener Pfeffer
Salz
etwas glattes Mehl

ZUBEREITUNG

SCHWEINSBRATEN: In einer Bratpfanne etwa fingerhoch mit Kümmel gewürztes Salzwasser aufkochen lassen. Schweinskarree mit der Schwarte nach unten hineinlegen. Fleisch herausnehmen und die Schwarte mit einem scharfen Messer in einem Abstand von etwa 1,5 cm quer zur Faser einschneiden. Wichtig: Nur bis zur Fettschicht einschneiden. Das Fleisch trocknen, Pfanne mit dem Schmalz ausreiben, Fleisch hineingeben, die grob geschnittenen Zwiebeln rundherum legen und mit Suppe ca. 2 cm untergießen. Im Rohr bei 220 °C ca. 1 ½ Std. braten und öfters mit dem Bratensaft übergießen, damit die Schwarte schön knusprig wird.

BIERKRAUT: Den Speck und die Zwiebeln in feine Würfel schneiden, anschwitzen, Honig oder Zucker zugeben, mit Kümmel, Salz und Pfeffer würzen, Wacholder und Lorbeerblatt dazugeben und mit Bier aufgießen. Kraut zugedeckt weich dünsten (ca. 1 Std.) und bei Bedarf Bier hinzufügen.

SEMMELKNÖDEL: Semmeln in dünne Scheiben schneiden und mit heißer Milch übergießen. Zwiebel in Würfel schneiden und in der heißen Butter glasig dünsten, Petersilie kurz mitdünsten, dann unter die Semmelmasse mischen, die Eier unterrühren, etwas ziehen lassen und anschließend kneten. Mit Muskatnuss, Pfeffer und Salz kräftig abschmecken. Ein wenig Mehl über die Masse stauben.
Mit feuchten Händen 6–8 etwa gleich große, feste Knödel formen und in Mehl wälzen. Im kochenden Wasser 20 Minuten ziehen lassen (nicht wallend kochen!). Dabei darf der Topf nicht ganz zugedeckt sein! (z. B. Kochlöffel zwischen Topf und Deckel). Die Semmelknödel mit einem Schaumlöffel aus dem Wasser nehmen und servieren.

Knusprig

BELSY & FLORIAN FESL

Das Liebespaar

Selten genug werden Wünsche wahr und Träume Wirklichkeit. Riesengroß ist jedoch die Sehnsucht der Menschen danach. Wenn zwei junge Menschen, so verschieden von Aussehen und Herkunft zu einem Liebespaar werden und sich nicht nur privat, sondern auch musikalisch so wunderbar ergänzen, dann seufzt die gesamte Fangemeinde der volkstümlichen Musik vor Glück. „I hab di gern" – so einfach und ergreifend die Liebesbezeugung der beiden. Genau das, was Millionen Menschen selbst oft sagen oder gern sagen würden. Der letzte Bergkristall des „Grand Prix der Volksmusik" krönte das Volksmusik-Liebesmärchen zwischen Belsy und Florian. „Irgendwann können wir unseren Kindern erzählen, dass Mama und Papa gemeinsam den Grand Prix gewonnen haben", jubelte Belsy nach dem Sieg. Ist das nicht wunderbar, dass dies der erste spontane Gedanke nach dem Triumph war? Beide Liebenden hatten jedoch schon vorher als Solisten genug Erfolge zu feiern, und so verstummten die neidischen Unkenrufe, dass ihre Liebe nur der Karriere dienen soll, ziemlich rasch wieder.

„Spaghetti Carbonara haben wir uns deshalb ausgesucht, weil sie zwar typisch italienisch sind, aber mit dem Speck auch bodenständig wie die bayerische Heimat von meinem Florian", erklärt uns die bezaubernde Belsy ihre Rezeptauswahl.

SPAGHETTI CARBONARA

Zutaten für 4 Personen

500 g Nudeln (Spaghetti)
1 große Zwiebel
150 g Panchetta (italienischer Speck)
3 EL Butter
2 Eier
100 g Käse (halb Pecorino, halb Parmesan)
Salz & Pfeffer

ZUBEREITUNG

Spaghetti kochen. Zwiebel und Panchetta fein hacken und in der Butter goldgelb schmoren. Die Zwiebel soll richtig weich werden. In einer vorgewärmten Schüssel Eier, Käse und viel Pfeffer verrühren, Spaghetti in die Schüssel geben und mit der geschmorten Zwiebel und Panchetta rasch mischen.

Falls Sie das Gericht mit Panna zubereiten möchten, mischt man die Panna (150 ml pro Person) mit den Eiern mischen und die Masse im Wasserbad erhitzen, bevor man sie unter die heißen Nudeln zieht. Nicht aufkochen lassen, damit die Eier nicht stocken!

Buon appetito!

Wolkenstein – die Heimat von BELSY

Belsy gewann 2010 zusammen mit Florian Fesl, der aus Freyung bei Passau stammt, den Grand Prix der Volksmusik. Belsy selbst kommt aus Wolkenstein im Grödner Tal, auch kurz Gröden genannt. Dieses Südtiroler Tal ist ein etwa 25 Kilometer langes Seitental des Eisacktals, das bei Waidbruck in Richtung Osten abzweigt. Gleich bei Waidbruck liegt die Trostburg, eine gut erhaltene Burganlage aus dem 12. Jahrhundert. Sie ist Sitz des Südtiroler Burgenmuseums und bietet eine Dauerausstellung mit mehr als 80 maßstabgetreuen Modellen von Südtiroler Burgen.

Im eigentlichen Grödnertal liegen drei Gemeinden: Wolkenstein, St. Christina und St. Ulrich. Letztere ist der Hauptort des Grödnertals und bekannt durch das örtliche Kunsthandwerk, insbesondere seine Holzschnitzerkunst. Hier wurde 1892 der besonders durch seine Alpenfilme berühmt gewordene Luis Trenker geboren, und hier liegt er auch, mit 97 Jahren verstorben, auf dem örtlichen Friedhof begraben.

Freyung, der Heimatort von Florian Fesl, liegt im Dreiländereck Deutschland – Tschechien – Österreich und ist Ausgangspunkt für herrliche Wanderungen im Nationalpark Bayerischer Wald, der seit 1970 als erster deutscher Nationalpark eingerichtet wurde. Auf seiner Fläche von fast 25.000 Hektar bietet er 700.000 Besuchern pro Jahr Natur pur.

KULINARIK INFO

BOZNER SAUCE – eine Südtiroler Spezialität

Gleich ob zu Hause oder im Restaurant, Spargel wird bei uns meist mit Butter oder mit Sauce Hollandaise serviert. Eine köstliche Alternative dazu ist die Bozner Sauce, deren Zubereitung nachfolgend beschrieben ist:

Zwei Eier 7 Minuten kochen, in kaltem Wasser abschrecken, schälen und das Eigelb vom Eiweiß trennen. In einer Schüssel das Eigelb mit 2 TL Senf, Salz, frisch gemahlenem Pfeffer und 2 EL heißer Fleischbrühe gut verrühren. Dann 150 ml Öl langsam aber kräftig einrühren. Mit 1 TL Weißweinessig würzen, 1 EL Schnittlauch sowie das feingehackte Eiweiß untermengen.

GESCHWISTER NIEDERBACHER

Musikanten in zwei Generationen

Die Geschwister Niederbacher stammen aus dem kleinen Bergdorf Mühlbach oberhalb von Gais am Beginn des Tauferer Ahrntals in Südtirol. Seit Jahrzehnten wird in der Familie Musik gemacht, und so landeten die Geschwister Hans und Walter im Jahr 1970 auf dem ersten Platz beim musikalischen Wettbewerb „Aus unserem Studio“. Seither zogen die Geschwister gemeinsam durchs Land, und bis heute ist es die Liebe zur Musik und die Bescheidenheit, die zum Erfolg beigetragen haben.

Heute ist es die zweite Generation, die ihre Familientradition weiterführt. Die Geschwister Manfred – er spielt Akkordeon, Keyboard, Kontrabass und singt auch mit – sowie Christina und Angelika, die vor allem den Gesang lieben. Andrea ist das Spielen der Steirischen Harmonika in die Wiege gelegt worden, sie spielt auch Gitarre und verzaubert dies alles noch mit ihrer fantastischen Stimme. Belohnt wurde ihr Engagement mit dem zweiten Platz des „Grand Prix der Volksmusik“ beim internationalen Finale 2010 in Wien. Zahlreiche Fernseh-Auftritte, die Nominierung bei der goldenen Tulpe in Holland oder der Auftritt beim Open Air in Bad Füssing und vieles mehr beweisen, dass die Geschwister Niederbacher auf dem richtigen Kurs segeln. Und ein besonderer Höhepunkt für die Fans ist, wenn die gesamte Familie, also beide Generationen, gemeinsam musiziert.

Tauferer Ahrntal – Heimat der NIEDERBACHERS

Bereits in der zweiten Generation treten die Mitglieder der Südtiroler Familie Niederbacher mit ihrer Musik auf den Bühnen im deutschsprachigen Raum auf. Die Geschwister – Andrea, Angelika, Christina und Manfred – stammen aus dem Pustertal, genauer gesagt aus dem Tauferer Ahrntal, das bei Bruneck vom Pustertal nach Norden abzweigt.

Das nur von Süden her mit dem Auto erreichbare Tauferer Ahrntal – der südliche Teil bis Sand in Taufers heißt Tauferer Tal, der nördliche bis zur österreichischen Grenze Ahrntal – wird im Norden durch die Zillertaler Alpen begrenzt und hat eine Fläche von 629 Quadratkilometern. Mehr als 80 Dreitausender prägen diesen Teil Südtirols und lassen Bergsteigerherzen – ob Anfänger oder Profi – höher schlagen. Aber auch die Halbschuh-Touristen, die sich während eines Urlaubs auf Ausflügen und Wanderungen zwischen St. Georgen und Kasern erholen wollen, kommen auf ihre Rechnung, denn hier gibt es nicht nur Landschaft pur, sondern auch eine ganze Palette von Sehenswürdigkeiten. Gleich in Gais hinter St. Georgen ist die in romanischer Bauweise errichtete Pfarrkirche aus dem 12. Jahrhundert einen Besuch wert. Ein Stück weiter liegt das tausendjährige Uttenheim, das mit einer Barockkirche und einer über dem Ort gelegenen Burg aus dem 11. Jahrhundert aufwartet.

KULINARIK INFO

SÜDTIROLS KÜCHE

Südtirol, amtlicher Name Autonome Provinz Bozen, fiel erst ein Jahr nach dem Ende des Ersten Weltkriegs durch den Vertrag von Saint-Germain an das damalige Königreich Italien, und dabei ist es bis heute geblieben. Davor gehörte es zur Donaumonarchie, was bis heute an der Küche dieser Region zu spüren ist, die nur wenig mit der italienischen gemein hat. Vielmehr überwiegen die Einflüsse aus Österreich und sogar aus Ungarn, und so werden in Südtirol als Beilage eher deftige Knödel oder Kartoffeln anstelle von stylischer Pasta gereicht. Eine kulinarische Eigentümlichkeit, die man nur dort und nicht in Restitalien findet, ist das Törggelen, was nichts anderes bedeutet, als im Herbst in geselliger Runde eine Mahlzeit einzunehmen. Gereicht werden heute meist deftige Schlachtplatten mit Sauerkraut, Surfleisch, Südtiroler Speck, verschiedenen Hausmacherwürsten und Knödeln. Unverzichtbare Getränke sind süßer Most oder junger Wein und als Abschluss Kastanien, Nüsse und süße Krapfen.

TOPFEN-TIRTLAN aus dem PUSTERTAL

Zutaten für 4 Personen

Teig
250 g Weizenmehl
50 g Butter
1 Prise Salz
1 Ei
6 EL Wasser

Fülle
250 g Spinat
300 g Topfen
1 Prise Salz

ZUBEREITUNG

Das Mehl, die Butter und das Ei mit dem Wasser und einer Prise Salz zusammen kneten. Den Teig etwas ruhen lassen. Dann handtellergroße Blätter (ca. 15 cm) auswälzen. Darauf kann die Füllung aus Spinat und Topfen und etwas Salz verstrichen und mit einem weiteren Teigblatt zugedeckt werden. Die Ränder gut andrücken, sodass die Fülle nicht beim Backen austreten kann. Anschließend werden die Tirtlan im heißen Fett gebacken und schon kann man das Pusterer Gericht genießen.

UNSER TIPP: Man kann die Tirtlan auch mit Kraut, Nüssen oder Mohn füllen. Probiert einfach alles aus. Guten Appetit!

Großmutters Rezept

NOCKALM QUINTETT

mit Frontmann Friedl Würcher

Seit 1982 macht das Nockalm Quintett Musik – und nennen sich immer noch so, obwohl die Musiker Wilfried Wiederschwinger, Edmund Wallensteiner, Dietmar Zwischenberger, Arnd Herröder, Markus Holzer, Siegfried Willmann und Gottfried Würcher mittlerweile sieben Personen sind, die diese Formation bilden. Die Künstler aus Kärnten veröffentlichen in schöner Regelmäßigkeit ihre Cds und erhalten dafür jedes Jahr beim „Nockalm-Fest" in Millstatt von der Plattenfirma eine oder mehrere „Goldene". Das Geheimnis des Erfolgs der „Nockis", wie die Fans sie nennen, liegt wohl darin, dass sich die Zuhörer mit ihren Texten und Liedern stark identifizieren können. Die Texte handeln von Liebe, Freundschaft, von Momenten des Glücks – ganz einfach vom Leben. Ihr neuestes Album trägt den Titel „Zieh dich an und geh". Derlei Macho-Sprüche hätte man von den Romantikern des Schlagers wohl nicht erwartet! Doch das Titellied erzählt erneut eine Geschichte, die das Leben schreibt. Doch dieses Mal wird auch ein gesellschaftliches Problem angesprochen: Bei einer Scheidungsrate von ziemlich genau 50 Prozent ist das Thema sicherlich nicht falsch gewählt und die Trefferquote, dass ebenso viele Fans von der Problematik betroffen sind, leider entsprechend hoch.

Als Frontman des legendären Nockalm Quintetts findet sich Friedl Würcher nicht nur auf der Bühne bestens zurecht, sondern weiß auch, wie man in der Küche die Kochlöffel schwingt. Ganz abgesehen davon ist er ein großer Weinkenner und -liebhaber. Sein Lieblingsrezept lässt sich mit frischem Spargel perfekt ergänzen und Friedl rundet dieses herrliche Gericht gern mit einem schönen Glas Rotwein aus dem Mittelburgenland ab. So ist für Wein-, Fleisch- und Gemüsefans etwas Leckeres dabei.

RINDER-GESCHNETZELTES

Zutaten für 4 Personen

Steaks
4 Steaks vom Rind à 125g
3 Schalotten
1 Bd. gemischte Kräuter
1 Knoblauchzehe
3 EL Pflanzenöl
200 ml Rinderfond
Salz & Pfeffer

Spargel
1 kg weißer Spargel
1 l Wasser
1 Scheibe Zitrone
10 g Zucker
5 g Salz
100 g Butter

ZUBEREITUNG

STEAKS: Die Steaks leicht klopfen und in ca. 1 cm breite Streifen schneiden. Schalotten und Knoblauch schälen und klein würfeln. Die Kräuter grob hacken. Die Fleischstreifen in dem Öl in einer Pfanne ca. 4 bis 5 Minuten anbraten. Herausnehmen und im Ofen warm halten. Die Schalotten und die Kräuter in dem Öl etwa 2 bis 3 Minuten andünsten, dann den Rinderfond zugießen und bei starker Hitze kurz einkochen lassen. Das Fleisch zur Sauce geben und mit Salz und Pfeffer abschmecken. Das Ganze nochmals kurz aufkochen lassen. Die Pfanne abdecken und das Geschnetzelte etwa 4 Minuten ziehen lassen.

SPARGEL: Für den Spargel die Stangen waschen und schälen. Wasser mit den übrigen Zutaten zum Kochen bringen. Spargel einlegen und ca. 20 Minuten kochen. Er ist gar, wenn er sich beim Anheben leicht durchbiegt. Danach den Spargel abschöpfen. Butter schmelzen, evtl. anbräunen und nach der Kochzeit über den Spargel gießen.

Den gekochten Spargel auf dem Geschnetzelten anrichten.
Als Beilage passen gekochte Salzkartoffeln ganz hervorragend.

Herrlich

Nockberge – Heimat des NOCKALM QUINTETTS

Der rund 184 Quadratkilometer große Nationalpark Nockberge ist ein Teilgebiet der Gurktaler Alpen im Norden von Kärnten, gleich an der Grenze zu den Nachbarbundesländern Salzburg und Steiermark. In den 1970er Jahren war in dieser Region ein Skigebiet geplant. Die 35 Kilometer lange Nockalmstraße, mit deren Bau 1979 begonnen wurde, sollte das Liesertal im Westen mit dem obersten Gurktal verbinden und führte nach ihrer Fertigstellung von Innerkrems bis nach Ebene Reichenau.

Die nachfolgend geplante Erschließung des heutigen Nationalparkgebiets mit 18 Liften, Bergbahnen und zwei Bergdörfern mit insgesamt 3000 Hotelbetten stieß jedoch in der Bevölkerung auf heftigen Widerstand. Eine Bürgerinitiative setzte sich mit dem Verlangen nach einer Bürgerbefragung durch, und Ende des Jahres 1980 sprachen sich 94 Prozent der Befragten gegen diese Art der touristischen Nutzung der Region aus. Am 1. Januar 1987 wurde schließlich der Nationalpark Nockberge eröffnet.

WENN DIE MUSI SPIELT

Am südlichen Rand des Naturparks Nockberge liegt die Ortschaft Bad Kleinkirchheim mit knapp 1800 Einwohnern und heute als Heilbad und Luftkurort ebenso bekannt wie als Skiort. Kaum zu glauben, dass Bad Kleinkirchheim – 1166 erstmalig in einer Urkunde erwähnt – bis zur Mitte des vorigen Jahrhunderts noch eher landwirtschaftlich geprägt war, inzwischen aber zu den 20 meistbesuchten Tourismusorten Österreichs gehört. Und seit 1995 herrscht sowieso einmal jährlich im Sommer Ausnahmezustand in der kleinen Gemeinde, denn dann findet hier das Volksmusik-Open-Air „Wenn die Musi spielt …“ statt, eine der größten Veranstaltungen dieser Art im deutschsprachigen Raum. 15.000 Konzertbesucher strömen in diesen Tagen in das Kleinkirchheimer Tal, und die Liste der Volksmusikstars, die hier in den letzten anderthalb Jahrzehnten auftraten, enthält inzwischen wichtige Namen der Szene. Durch die Fernsehdirektübertragung in Deutschland und Österreich kommen noch einmal gut zehn Millionen Zuschauer hinzu.

UDO WENDERS

Der Familienmensch

Die große Stimme aus Kärnten verführt uns mit einer flaumigen Leckerei aus seiner Heimat: „Mir ist es wichtig, dass ich bei meinen Zuhörern Emotionen wecke. Jedes Lied für sich hat eine kleine Geschichte. Manche sollen trösten, andere wiederum einfach große Freude und Gefühle wecken", erklärt Udo Wenders die Vorzüge seiner genauen Textauswahl bei allen Songs. Sehr persönlich und privat zeigt sich Udo Wenders bei dem Titel „Jeder Tag ohne euch". Gewidmet ist der Song seiner Familie: seiner Tochter Julia (14), seinem Sohn Maximilian (12) und natürlich seiner liebenswerten Frau Claudia. Sie alle haben ihn von der ersten Sekunde an tatkräftig unterstützt. „Was in den vier Jahren passiert ist, scheint unglaublich zu sein. Dass ich mittlerweile mein viertes Album in den Handel bringe, zeigt, wie die Zeit vergeht. Ich bin stolz auf meine Familie, dass sie mir auch immer zur Seite gestanden ist. Eine Musikkarriere und Familie vereinen zu können, habe ich nicht zuletzt in ganz besonderem Maße der warmherzigen Unterstützung meiner drei Schätze zu verdanken", schwärmt Udo über den Zusammenhalt in der Familie. In dem Zusammenhang ist der Titel „Unsre Herzen" – ein Duett mit seiner Tochter Julia – zu erwähnen. „Ich wollte mich bei dem Song dem Musikgeschmack meiner Tochter nähern", erzählt Udo aus seinem musikalischen Schaffen.

Nicht weit von der Musi-Bühne in Bad Kleinkirchheim/St.Oswald, haben wir Udo in den Berghof Schneeweiss eingeladen, um mit Chefkoch Gottlieb Palle die bekannteste Kärntner Süßspeise zuzubereiten: einen flaumigen Kärntner Reindling.

Villach – die Heimat von UDO WENDERS

Villach ist mit knapp 60.000 Einwohnern nach Klagenfurt die zweitgrößte Stadt Kärntens und liegt am westlichen Rand des Klagenfurter Beckens, in dem auch der Wörther See und der Ossiacher See liegen.

Durch den Villacher Fasching genießt die Stadt weithin Bekanntheit. 1867 erstmals erwähnt und seit 1910 als jährlicher Bauernball veranstaltet, hat sich die Veranstaltung seit den 1960er-Jahren zu einer Attraktion entwickelt, deren Sitzungen sogar alljährlich vom Österreichischen Fernsehen übertragen werden. Aber Villach hat nicht nur den Fasching zu bieten, und am besten schließt man sich einer der regelmäßig stattfindenden Stadtführungen an. Sie beginnen am zentralen Hauptplatz, der in seiner heutigen Form bereits im 12. Jahrhundert angelegt wurde. Im nahegelegenen Paracelsushof zeigen zwei steinerne Plaketten den berühmten Forscher und Arzt Paracelsus, der im 16. Jahrhundert seine Jugend in Villach verbracht hatte. Ebenfalls am Hauptplatz steht die Pfarrkirche St. Jakob, die 1136 erstmals urkundlich erwähnt wurde. Die Widmanngasse führt vorbei an der Mariensäule aus dem Jahr 1740 zu einem Patrizierhaus aus dem 16. Jahrhundert, in dem die Villacher Musikschule untergebracht ist. Durch die Bambergergasse erreicht man den Kaiser-Joseph-Platz mit dem Denkmal des Monarchen.

Jenseits der Drau, die man auf der Stadtbrücke überquert, gelangt man zur neugotischen Nikolaikirche von 1892 und zum Europaplatz mit dem Villacher Congress Center, in dem unter anderem die Sitzungen des Villacher Faschings stattfinden.

KULINARIK INFO

KIRCHTAGSSUPPE

Die Kirchtagssuppe, auch „Saure Suppe“ genannt, ist eine regionale Spezialität aus Kärnten. Der Villacher Kirchtag ist Anlass für ein traditionelles Festtagsmenü. Dazu zählen Braten vom Schwein, Rind oder Lamm, Fische, Hühner, Kuchen, Süßspeisen, aber auch besondere Suppen. Eine davon ist die Villacher Kirchtagssuppe. Es gibt jedoch weitere Varianten in anderen Orten Kärntens. Die Kirchtagssuppe wird aus mehreren Sorten Fleisch und Knochen gekocht, nämlich Rind, Lamm, Huhn, Schwein und Kalb. Dazu kommen Rinder- und Schafsknochen. Verschiedene Gemüse, Sauerrahm und Weißwein sind weitere Zutaten. Die ganze Suppe wird aufwändig zubereitet und schmeckt etwas säuerlich. Traditionell wird oft Reindling dazugegessen. Sie ist keine Vorspeise, sondern ein sättigender Hauptgang, früher von schwer arbeitenden Menschen genossen.

KÄRNTNER REINDLING

Zutaten für 4 Personen

Teig
500 g gemischtes Mehl
(glatt und griffig 1:1)
1 Packung Germ (Hefe)
¼ l lauwarme Milch
1 Ei
2 Dotter
50 g Staubzucker
1 Packung Vanillezucker
etwas abgeriebene Schale
1 Bio-Zitrone
1 Prise Salz

Fülle
6 EL Honig
1 TL Butter
3 EL Rum
50 g Staubzucker
2 TL Zimt
40 g Rosinen

ZUBEREITUNG

TEIG: Das Mehl in eine Schüssel sieben, die Germ darüber bröseln und mit dem Mehl gut vermischen. Eine Vertiefung in die Mitte drücken und die restlichen Zutaten der Reihe nach dazugeben. Dem Mixer Knethaken einstecken und den Teig glatt kneten, bis er sich von der Schüssel löst und Blasen bildet. Mit einem sauberen Tuch den Teig abdecken und an einem warmen Ort so lange gehen lassen, bis er zu seiner doppelten Größe aufgegangen ist. Den Teig noch einmal fest durchkneten und auf einer bemehlten Arbeitsfläche ca. fingerdick ausrollen.

FÜLLE: Die Zutaten erwärmen, vermengen und unter ständigem Rühren auskühlen lassen, lauwarm auf den Teig streichen und einrollen. Die Teigrolle zu einer Schnecke formen und in eine befettete mit Zucker ausgestreute Form legen. Backrohr auf 180 °C vorheizen. Den Reinling wieder an einen warmen Platz stellen und ca. 20–25 Min. rasten lassen. Im Rohr auf unterster Schiene 40 Min. goldbraun backen.

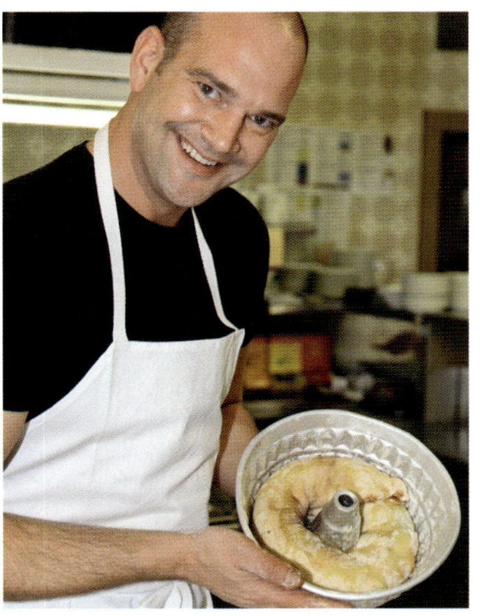

Süßer Genuss

MARCO VENTRE

Der Sympathische

Der Vater ist Italiener, die Mutter Kärntnerin und geboren wurde Ventre in Zürich. Der italienische Name ist somit echt, also kein Künstlername, und ebenso kann er das italienische Temperament nicht verleugnen: auf und neben der Bühne „simpatico".

Marco Ventre kommt von der Musikbühne, spielte jahrelang in unterschiedlichen Bands, musste aber seine Gesangskarriere wegen einer Operation an den Stimmbändern in den 90ern vorerst an den Nagel hängen. Das Mikro blieb dem Mann jedoch erhalten. Er machte Karriere beim Radio, später beim Fernsehen und gilt als ein begabter Motivator im Umgang mit dem Publikum.

Mit Freund und Band-Kollegen Walter Olschan startete er 2010 sein Bühnencomeback. Die Band wurde zusammengestellt mit Bandleader Walter Olschan am Bass, Markus Jakopitsch an der Gitarre, Ingo Rud am Keyboard und Hannes Pirker an den Drums und bereichert seither erfolgreich die österreichische und internationale Schlagerszene. Zum vierten Platz beim großen Finale des Grand Prix der Volksmusik 2010 gesellten sich noch der Sieg in der österreichischen Vorausscheidung des Grand Prix (erreicht durch Zusehervoting), eine Goldene Schallplatte, der Preis für den „besten Newcomer beim Schlagerfestival in Kerkrade" (Holland) und ein Platz drei in den Österreichischen Album-Charts!

WÖRTHERSEE REINANKE mit SOMMERSALAT

Zutaten für 4 Personen

Fisch
1,5 kg frische Reinanken
1 Bd. frische Dille
1 Bd. Petersilie
3 EL Mehl
100 g Margarine

Sommersalat
1 Lollo rosso
1 Hand voll Rucola
4 Cocktailtomaten
8 Radieschen
1 Bd. Kresse
3 EL Öl
3 EL Balsamicoessig
1 TL (gestrichen) Zucker
Salz & Pfeffer

ZUBEREITUNG

FISCH: Die Fische vorsichtig unter fließendem Wasser säubern und abtupfen. Von innen salzen und pfeffern. Petersilie und Dill abbrausen, trocken schütteln und fein hacken. Anschließend die Reinanken mit der Kräutermischung füllen und mit Rouladennadeln verschließen. Von außen salzen, pfeffern und in Mehl wenden. Die Margarine in einer Pfanne zerlassen und die Reinanken nacheinander von beiden Seiten bei mittlerer Hitze darin anbraten.
Die Butter zufügen und beide Seiten fertig braten.

SOMMERSALAT: Für den Salat die Cocktailtomaten und die Radieschen in dünne Scheiben schneiden, Lollo rosso waschen und in mundgerechte Stücke teilen, Rucola waschen und beide Salate trocken schleudern. Marinade aus Essig und Öl bereiten, mit Zucker, Salz und Pfeffer abschmecken, mit dem Salat mischen und mit Kresse bestreut servieren.

Frisch & leicht

Wörthersee – in der Heimat MARCO VENTRES

Keine Viertelstunde mit dem Auto fährt Marco Ventre von seinem Haus bis ans Ufer von Kärntens größtem und für viele auch schönstem See, dem 16 Kilometer langen und knapp zwei Kilometer breiten Wörthersee. Der See ist ein beliebtes Naherholungsgebiet für die Kärntner und ein Paradies für Wassersportler. Er liegt verkehrsgünstig zwischen den beiden größten Städten des Landes, Klagenfurt und Villach, und gehört wegen der klimatischen Verhältnisse zu den wärmsten Badeseen in den Alpen.

Nachdem Klagenfurt im Jahre 1864 durch den Bau der Südbahn an das allgemeine Eisenbahnnetz Österreichs angeschlossen worden war, entdeckten auch viele Wiener die Region als Ort für ihre Sommerfrische. In der Folge entstand ein eigener Baustil entlang des Seeufers, die sogenannte Wörthersee-Architektur. Eindrucksvolle Beispiele finden sich bis heute in vielen Gemeinden rund um den Wörthersee, wobei die Bauten in den vergangenen Jahrzehnten als Kulisse für unzählige Spielfilme und Serienfolgen dienten, die am Wörthersee gedreht wurden.
Naturfreunde finden am Seeufer und in der näheren Umgebung eine reichhaltige Fauna und Flora vor: vor allem Wasservögel wie Schwäne, Gänse und verschiedene Entenarten. An Fischen finden sich Hecht, Barsch, Karpfen, Wels, Zander und die sehr beliebte Reinanke, um nur einige Arten zu nennen. In den Monaten April bis September werden verschiedene Veranstaltungen angeboten, darunter die „Starnacht am Wörthersee", die tausende Besucher aus ganz Europa anzieht.

KULINARIK INFO

DIE KÄRNTNER NUDEL

Bei dieser Spezialität handelt es sich nicht um eine einzelne Nudel, vielmehr ist die Kärntner Nudel ein dünn ausgewalzter Nudelteig, der zu einer bis zu faustgroßen Tasche geformt und mit verschiedenen Zutaten gefüllt werden kann – vergleichbar etwa mit Ravioli oder Maultaschen. Die Kärntner Nudel gibt es eigentlich nicht, vielmehr unzählige Varianten, wobei der unumstrittene Klassiker die Kasnudel ist. Denn als Füllung kann eigentlich alles von süß bis herzhaft verwendet werden, typisch ist nur der „gekrendelte" Rand, wobei Abkrendeln das Abdichten durch zackenartiges Zusammendrücken der gegeneinander liegenden Teigränder bezeichnet. In Kärnten kursiert der Spruch: „A Kärntnerin, die net krendeln kann, die kriagt kan Mann".
Eine kleinere Ausführung der Kärntner Nudel sind die zumeist mit Fleisch gefüllten Kärntner Schlickkrapfen.

NIK P.

Der Junge mit der Luftgitarre

Der Ausnahmemusiker Nik P. feiert 2011 bereits sein 30-jähriges Bühnenjubiläum und lässt deshalb gemeinsam mit seiner Band das Open Air zu einem musikalischen Jubiläumsfest werden – und tausende, die stets an Niks großen Erfolg geglaubt haben, werden mit dabei sein. Wenn er seinen „Stern, der deinen Namen trägt“ singt, dann gibt es vor den Konzertbühnen in ganz Europa kein Halten mehr. Nik P. – ein moderner Superstar des Schlagers.

„Der Junge mit der Luftgitarre“ – so heißt nicht nur das aktuelle Erfolgsalbum – es war und ist das Bekenntnis eines Mannes, der schon von Kindesbeinen an nur einen Wunsch hatte: auf einer Bühne zu stehen und das Publikum mit seiner Musik zu begeistern. Aus diesem Traum wurde für Nik P. Realität, die mittlerweile wahrlich Musikgeschichte geschrieben hat. Nikolaus Presnik hat nach den Sternen gegriffen und sie mit seinen unsterblichen Melodien für sich und seine Fans in ganz Europa vom Musikhimmel geholt.

Friesach – die Heimat von NIK P.

Friesach ist nicht nur der Jahreszahl nach die älteste Stadt Kärntens, sie glänzt auch mit einem überwiegend erhalten gebliebenen mittelalterlichen Stadtbild mit denkmalgeschützten Gebäuden und einer nahezu unversehrten Umfassungsmauer mit Stadtgraben.

In römischer Zeit führte die wichtige Handelsstraße Via Julia Augusta mitten durch die Stadt, und die erste urkundliche Erwähnung Friesachs datiert aus dem Jahr 860, als Ludwig der Deutsche dem Salzburger Erzbischof mehrere Güter der Umgebung übereignete. Friesach war Anfang des 11. Jahrhunderts Hauptstapelplatz für den Handel mit Italien, doch in der Folgezeit war Friesach weniger Glück beschieden. Die Stadt geriet in Auseinandersetzungen zwischen den Salzburger Bischöfen einerseits und Böhmen und den Habsburgern andererseits und konnte nach mehreren Plünderungen und Brandschatzungen nie wieder an den vorherigen wirtschaftlichen Erfolg anknüpfen. Heute nutzt die Stadt Friesach ihre mittelalterliche Blütezeit für touristische Zwecke: Die Kärntner Landesaustellung fand dort 2001 unter dem Thema „Schauplatz Mittelalter“ statt, auf der Burg kann man speisen wie zu Ritters Zeiten und ganz in der Nähe wurde im Mai 2009 ein besonders ehrgeiziges archäologisches Projekt in Angriff genommen: Der Bau einer mittelalterlichen Burg ausschließlich mit den zu damaligen Zeiten zur Verfügung stehenden Mitteln. Besucher können den Handwerkern bei ihren verschiedenen Tätigkeiten über die Schulter schauen.

WISSENS INFO

DIE BURG HOCHOSTERWITZ

Wer dann von alten Zeiten noch nicht genug hat, für den liegt eine halbe Autostunde von Friesach entfernt, aber schon von Weitem sichtbar auf einem über 150 Meter hohen Dolomitkegel eine der eindrucksvollsten Festungsanlagen Mitteleuropas: die wegen ihrer exponierten Lage und ihrer im 16. Jahrhundert erbauten, ausgeklügelten Verteidigungsanlagen uneinnehmbare Burg Hochosterwitz. Zu erreichen ist die Burg nur über zwei Wege, die sich die felsigen Hänge hinaufschlängeln, und außerdem durch insgesamt 14 Toranlagen gesichert sind. Angreifer waren gezwungen, sich den Weg hinauf zur Burg Tor für Tor zu erkämpfen, wobei sie zusätzlich ständigem Beschuss von oben ausgesetzt waren. Heute können Besucher Hochosterwitz zu Fuß, aber auch mittels eines Lifts erreichen.

SPAGHETTI MIT ZWIEFACHKÄSESAUCE

Zutaten für 4 Personen

1 Zwiebel
2 EL Olivenöl
3 frische Knoblauchzehen
400 g Blattspinat
500 ml Wasser
600 g Zwiefachkäse
(beliebiger Blauschimmelkäse
mit mehr als 60 % Fett i.T.)
Salz & Pfeffer
500 ml süßer Rahm
500 g Spaghetti oder andere Nudeln
frische Kräuter zum Garnieren

ZUBEREITUNG

Zwiebel und Knoblauch in Olivenöl anrösten und Blattspinat darin kurz schwenken. Zwiefachen mit Gabel zerdrücken und dazugeben. Mit Salz und Pfeffer würzen und mit Wasser aufgießen, ca. 10 Min. leicht köcheln lassen, ab und zu umrühren. Süßen Rahm dazugeben und aufkochen lassen. Gekochte Spaghetti mit der Spinatsauce anrichten und mit frischen Kräutern garnieren. Grüner Salat schmeckt hervorragend dazu!

Ein Rezept schnell zubereitet und ohne Fleisch. Ideal dazu ein Glas Rotwein oder im Sommer ein frischer „Weiß sauer" – ein „Gspritzter", wie man zu einem trockenen Weißwein mit Soda aufgespritzt in Wien sagt.

Würzig

LAUSER

Der Kult im Kilt

Ganz abgesehen vom optischen Markenzeichen des Schottenrocks versuchen „Die Lauser" sich dem Publikum so zu präsentieren, dass sie nicht nur das Auge des Betrachters erfreuen, sondern auch deren Ohr und somit die gute Laune, eines jeden Einzelnen vollauf zufrieden stellen. Dies ist sicherlich auch nur deshalb möglich, weil sie im ständigen Bestreben, sich musikalisch weiterzuentwickeln, niemals stehen geblieben sind. Das findet natürlich auch seinen Niederschlag im permanent aktualisierten und erweiterten Repertoire ihres Musikprogramms, sei es nun bei den zahlreichen Lauser-Songs oder eben den gängigen Hits der unterschiedlichsten Interpreten am musikalischen Markt.

Eine weitere Entwicklung liegt auch im instrumentalischen Klangvolumen ihrer Musik. Kaum ein Instrument, das nicht zumindest von einem der „Lauser" beherrscht wird, wobei hier sogar der Dudelsack im typischen Lauser-Sound präsentiert wird. Entsprechend dem Vorbild großer und natürlich erfolgreicher Unternehmungen, wurde der Name „Lauser" als Markenzeichen eingetragen, soll heißen: Wo „Lauser" drauf steht, da sind auch die Lauser drinnen!

KÄRNTNER KASNUDEL

Zutaten für 4 Personen

Teig

500 g griffiges Mehl
1 TL Salz
1 Ei
1 EL Öl
Mehl (für die Arbeitsfläche)
120 g Butter oder Sasaka (Verhackertes zum Übergießen)

Fülle

120 g Semmelschnitten (Semmelwürfel oder Knödelbrot)
250 ml Sauerrahm
50 g Butter
500 g Bröseltopfen (ausgepresster Topfen)
1 EL Nudelminze (braune, milde Minze)
1 EL Petersilie (fein gehackt)
1 EL Schnittlauch (fein gehackt)
1 EL Keferfill (Kerbelkraut feingehackt)
ca. 7 g Salz

ZUBEREITUNG

Aus Mehl, Salz, Ei, Öl und etwas Wasser einen mittelfesten Teig kneten. Zu einer Kugel formen, mit Klarsichtfolie abdecken und rasten lassen. Währenddessen für die Fülle die Semmelschnitten mit Sauerrahm vermengen und etwas ziehen lassen. Butter schmelzen und gehackte Minze, Petersilie, Schnittlauch und Kerbelkraut darin kurz schwenken. Butter mit den Kräutern über das Knödelbrot gießen. Ausgepressten Topfen und Salz beifügen und alles gut vermischen. Dann den Teig auf einer bemehlten Arbeitsfläche messerrückendick auswalken. Mit einem runden Ausstecher ca. 10 cm große Scheiben ausstechen und jeweils etwa einen Esslöffel Fülle auftragen. Die Fülle mit dem Teig umhüllen, die Teigenden mit den Fingern gut zusammendrücken, sodass die Nudeln dann beim Kochen nicht aufgehen.

In einem großen Topf Salzwasser aufkochen lassen, Nudeln einlegen und ca. 12 Minuten kochen. Herausheben, abtropfen lassen und auf vorgewärmten Tellern anrichten. Mit brauner Butter oder zerlassener Sasaka (Verhackertem) übergießen. Als Beilage empfiehlt sich grüner Blattsalat.

TIPP: Will man der Original-Kasnudel nahe kommen, so muss sie gekrendelt werden. Dafür werden die Teigränder zwischen den Fingern so zusammengedrückt, dass sie zackenartig abdichten. Bevorzugt man Nudeln aus einem dickeren Teigmantel, so ist es ratsam, auf das Ei zu verzichten, wodurch der Teig weicher wird.

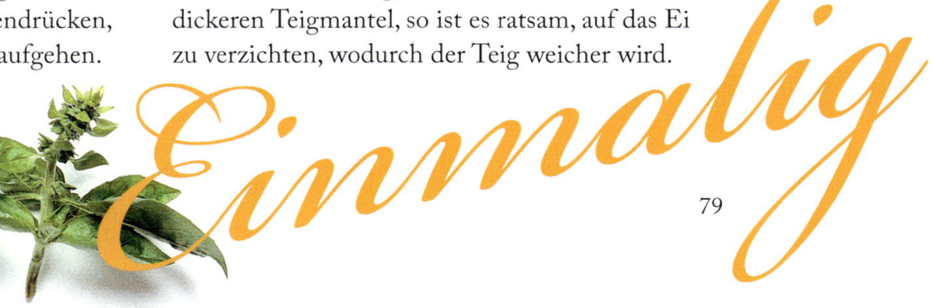

Klopeiner See – in der Heimat der LAUSER

Die fünf Musiker aus St. Kanzian am Klopeiner See leben in einer der schönsten Landschaften Kärntens und haben durch ihre flotte Musik und ihren außergewöhnlichen Bekleidungsstil frischen Wind in die Volksmusik gebracht.

Der Klopeiner See stellt den Rest eines ehemals viel größeren, nacheiszeitlichen Sees dar, der das ganze Gebiet um die heutige Ortschaft Kühnsdorf umfasste. Aufgrund des geringen Wasserdurchflusses gibt sich die Gemeinde St. Kanzian am Klopeiner See als Eigentümerin des Gewässers große Mühe, die Wasserqualität des Sees zu erhalten.

St. Kanzian liegt im Jauntal, südlich der Drau. Der Ortsname leitet sich von den Geschwistern Kanzius, Kanzian und Kanzianilla her, die im Jahre 290 n. Chr. in Aquileia den Märtyrertod erlitten haben. Die örtliche Pfarrkirche ist diesen drei Heiligen geweiht.

Doch nicht die Pfarrkirche, sondern das Kirchlein auf dem Georgiberg, die Georgikirche, ist Ziel zahlreicher Besucher, bietet sich doch von dort ein guter Ausblick über den Klopeiner See. Die Kirche selbst ist der letzte Baurest einer herzöglichen, mittelalterlichen Burg, die 1267/1268 auch urkundlich als „castrum" bezeugt ist. Im südlichen Vorfeld der Kirche erstreckte sich der bis ins vorige Jahrhundert belegte Friedhof. Die Georgikirche ist ein spätgotischer Bau (um 1500), der im Turm an der Südseite eine Wunschglocke trägt. In früherer Zeit sind zu dieser Glocke gerne Jungfrauen gepilgert. Beim Läuten der Glocke haben sie sich einen Mann gewünscht – und ihr Wunsch soll sich auch erfüllt haben.

WISSENS INFO

DIE GESCHICHTE VOM KLEINEN KILT

Österreichische Volksmusikanten bestechen bei ihren Auftritten oftmals durch ihre feschen Dirndlkleider und Lederhosen. Ganz anders die Lauser. Sie tragen einen Kilt, der in Schottland nur von Männern getragen wird. Der sogenannte kleine Kilt, wie ihn die Lauser tragen, ist der Kreativität eines englischen Schneiders zu verdanken. Da es in einem englischen Stahlwerk für die Arbeiter viel zu heiß und der lange Kilt auch hinderlich und gefährlich bei der Arbeit war, fragte der Stahlwerksbesitzer Thomas Rawlinson seinen Schneider, ob er da nicht eine Idee habe, wie man die Kleidung den Arbeitsbedingungen anpassen könne. Der englische Schneider trennte ganz einfach den oberen Teil vom Plaid ab und so entstand der kleine Kilt.

„Die Speisetafel ist der einzige Ort, wo man sich niemals während der ersten Stunde langweilt.“

Jean Anthelme Brillat-Savarin (1755–1826),
frz. Schriftsteller und Gourmet

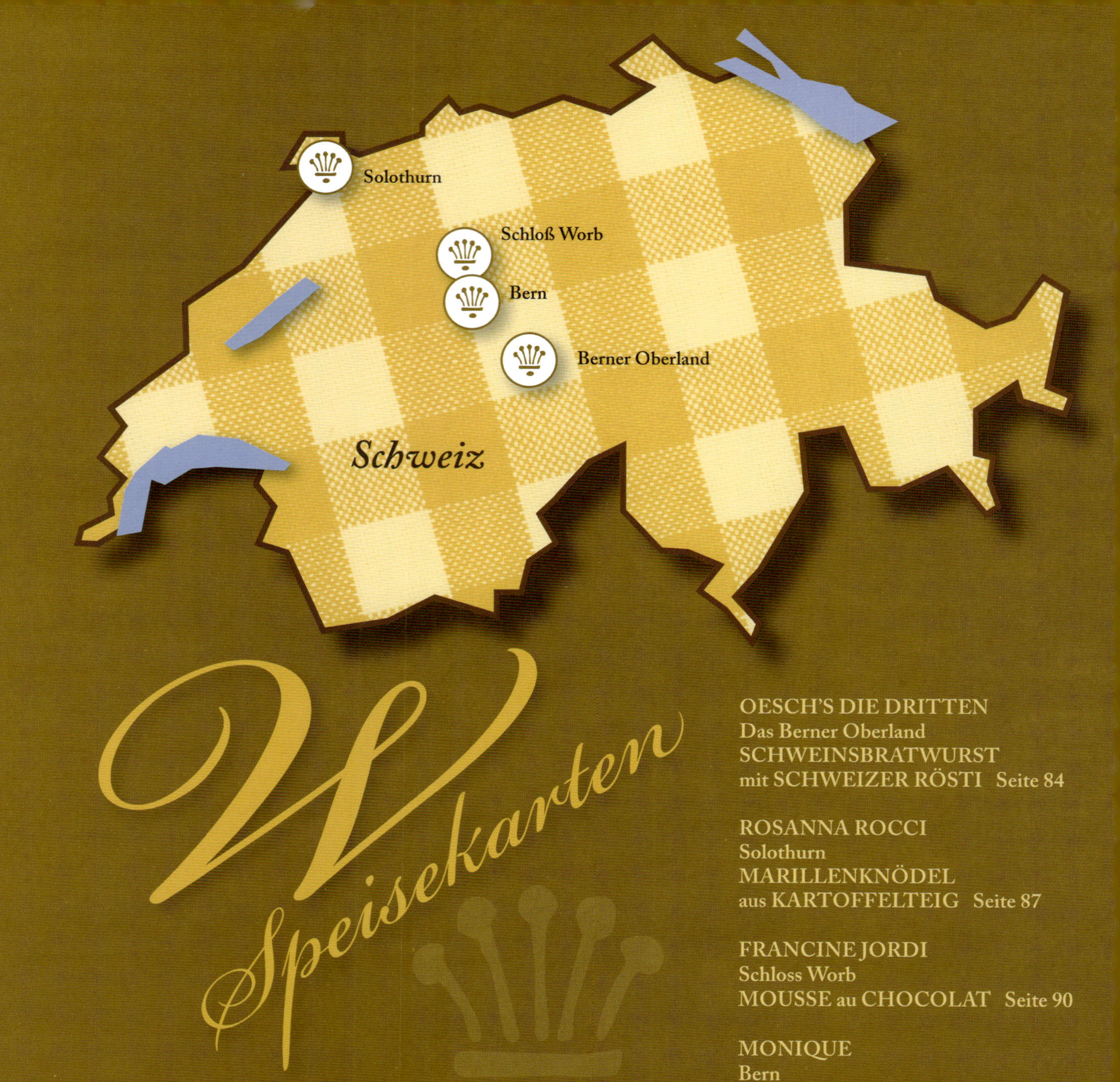

Speisekarten

Die Schweiz und
die stärkste Musikflanke
im Westen Österreichs

WESTEN • Schweiz • Vorarlberg • Tirol • Salzburg • Oberösterreich
Traunsee
Ursprungpass
Salzburg
Strass
Zillertal
Kitzbühl
Innsbruck
Ried
Salzkammergut
Volders
Bludenz
Ötztal
Zell am Ziller
Igls
Klösterle
Mayrhofen
Mils
Österreich

OESCH'S DIE DRITTEN

Die Stadlstern-Sieger

Oesch's die Dritten – die wohl bekannteste Schweizer Musikerfamilie aus Schwarzenegg im Berner Oberland und bestehend aus Hansueli und Annemarie Oesch, ihren Kindern Melanie, Kevin und Mike sowie dem Handorgelspieler Heinz Haldi – eroberten mit ihrem „Ku-Ku-Jodel" die Herzen der Zuseher. Damit ging der erste Stadl-Stern in die Schweiz. Seit 1998 musiziert die Familie gemeinsam, aber erst als Stadlstern-Gewinner schafften sie den großen Durchbruch. Seither tritt das Volksmusikensemble in den größten TV-Shows auf.

In der neuen Schweizer Volksmusik-Show „Alpenrose 2011", in der Stars von morgen in einem musikalischen Wettbewerb gegeneinander antreten, fungiert Melanie Oesch als Patin der Kategorie Chor und Jodel. Das optische Aushängeschild der Familie spielte auch schon in Musikfilmen mit und durfte – sie ist eine hervorragende Schifahrerin – an der Seite von Hansi Hinterseer in vielen seiner Shows nicht nur mitwedeln, sondern auch mitjodeln.

Das Lieblingsrezept von Oesch's den Dritten steht bei der Familie häufig auf dem Speiseplan. Dazu meint Mama Annemarie: „Bei drei Kindern und jeder Menge Freunden, die zum Essen mitkommen, sind die frischen Schweinsbratwürste nicht nur köstlich, sondern auch preisgünstig!" Und die Original Schweizer Rösti gehören natürlich dazu.

SCHWEINSBRATWURST mit SCHWEIZER RÖSTI

Zutaten für 4 Personen

Bratwürste

4 Stück Schweinsbratwurst à je 140 g
200 g in Streifen geschnittene Zwiebeln
1,4 kg Geschwellte
(=gekochte, geraffelte Kartoffeln)
0,2 l Rotwein
Bratensauce
Butter & Öl
Salz & Pfeffer

Schweizer Rösti

1 kg festkochende Kartoffeln
1 Zwiebel
½ TL Salz
2 EL Pflanzenöl zum Herausbraten
30 g Butter

ZUBEREITUNG

RÖSTI: Kartoffeln gründlich waschen, dann in so viel kochendes Salzwasser einlegen, dass sie gut bedeckt sind. 10 Min. in dem sprudelnden Wasser kochen. Abgießen, abschrecken und pellen. Dann auf einer Reibe mit tropfenförmigen Löchern raffeln. Die Zwiebel schälen und ganz fein hacken. Die Kartoffeln mit Zwiebeln und Salz mischen. Öl und Butter in einer Pfanne erhitzen, die Kartoffelmasse hineingeben und mit einem Spatel zu einem Kuchen zusammendrücken. So lange braten, bis die Unterseite knusprig braun ist. Dann die Rösti auf einen Teller gleiten lassen, wenden und auch die Unterseite braten. Auf einer vorgewärmten Platte oder in der Pfanne servieren.

BRATWÜRSTE in einer weiteren Bratpfanne die Würste in etwas heißem Öl braten, bis sie eine schöne Kruste haben, herausnehmen und warm stellen. Die Zwiebeln andünsten, mit dem Rotwein ablöschen und ein wenig einkochen lassen, die Bratensauce zugeben und köcheln lassen, bis eine dickflüssige Sauce entsteht. Die Würste in mundgerechte Stücke schneiden und mit der Zwiebelsauce übergießen, dazu die Rösti anrichten. Dazu passen auch einfache Röstkartoffeln sowie alle Salate und sauer eingelegtes Gemüse.

Original

Berner Oberland – Heimat von MELANIE OESCH

Melanie Oesch ist Frontfrau der Schweizer Volksmusik- und Schlagergruppe „Oesch's die Dritten" und vor allem für ihre meisterhaften Jodeleinlagen bekannt. Die Oeschs stammen aus dem Berner Oberland, wie die höher gelegenen Teile des Schweizer Kantons Bern genannt werden. Die beliebte Ferienregion umfasst im Norden den Thunersee und den Brienzersee mit den Städten Thun und Interlaken sowie die südlich davon gelegenen Täler, die sich vom Hauptkamm der Berner Alpen nach Norden hin erstrecken.

Die bekanntesten Gipfel im Berner Oberland sind die jeweils fast 4000 Meter hohen Felsgiganten Eiger, Mönch und Jungfrau. Ersterer erlangte Weltruhm durch die 1650 Meter senkrecht abfallende Nordwand, die 1938 erstmalig bestiegen wurde. Die 4158 Meter hohe Jungfrau ist vor allem durch die Jungfraubahn bekannt, die auf das 3471 Meter hohe Jungfraujoch zwischen Mönch und Jungfrau führt. Hier befindet sich die höchstgelegene Bahnstation Europas, die 1912 in Betrieb genommen wurde. Die Zahnradbahn führt von der Kleinen Scheidegg auf 2061 Metern durch die Wände von Eiger und Mönch bis auf das Jungfraujoch und überwindet auf rund neun Kilometern fast 1400 Höhenmeter. Etwas mehr als sieben Kilometer der Strecke liegen im Tunnel. Mehrere Zwischenstationen im Tunnel erlauben atemberaubende Ausblicke auf das tief unten im Tal liegende Städtchen Grindelwald.

KULINARIK INFO

SAUERKRAUT NACH BERNER ART

Für die bäuerliche Bevölkerung des Berner Oberlandes waren kräftigende Gerichte an der Tagesordnung, zum Beispiel Sauerkraut nach Berner Art:

Zutaten für vier Personen:
1 Zwiebel und 1 Knoblauchzehe – fein gehackt,
1 kg Sauerkraut, 1 EL Schweinefett,
100 ml Weißwein, 500 ml Wasser, 1 Lorbeerblatt,
1 Nelke, 5 Wacholderbeeren, 1 Apfel, 1 Kartoffel

Zubereitung: Zwiebel und Knoblauch im heißen Schweinefett ein paar Minuten dünsten. Das Sauerkraut locker beifügen, kurz mitdünsten und mit der Flüssigkeit ablöschen. Die Gewürze beigeben und den Apfel dazu raffeln. Zugedeckt 2–2½ Stunden schmoren. Bei Bedarf etwas Flüssigkeit nachgießen. Die Kartoffel mit der Bircherraffel dazu reiben, gut vermischen und nochmals gut durchkochen. Separat gekochten Speck, Rippli und eine Berner Zungenwurst aufschneiden und auf dem Sauerkraut anrichten. Dazu passen am besten Salzkartoffeln.

ROSANNA ROCCI

Die Powerfrau

Strahlend schön, hochgradig temperamentvoll und unglaublich vielseitig – das alles ist Rosanna Rocci. Rosanna ist eine echte Powerfrau. Sie ist lebenslustig, sympathisch und extrem unterhaltsam. Ihre faszinierende Stimme mit italienischem Akzent ist einzigartig in der deutschen Schlagerbranche und löst nicht nur bei ihren männlichen Anhängern Herzrasen und Gänsehaut aus. Seit 1997 ist sie mit ihrem Kollegen Michael Morgan verheiratet. Die beiden haben einen gemeinsamen Sohn, den Rosanna ganz aus dem Musikbusiness raus- und von der Presse fernhält.

Rosanna ist ein quirliger Wirbelwind: „Ich schaue nie zurück, lebe nicht in der Vergangenheit. Den Augenblick zu spüren, den Moment zu genießen und mit einer positiven Lebenseinstellung dem Tag zu begegnen, sind meine Herausforderungen im Leben. Als Künstlerin versuche ich ebenfalls, nach vorne zu schauen, neue Ideen zu verwirklichen und musikalisches Neuland zu betreten."

Ihren brandneuen Titel „Du bist kein Americano" stellte die sexy Blondine soeben vor, und er hat das Zeug, ein echter Sommerhit zu werden. Das Stück basiert auf dem neapolitanischen Lied „Tu vuo' fa l'americano" („Du willst amerikanisch sein") von Renato Carosone aus dem Jahr 1956. International bekannt wurde es durch den Film „Es begann in Neapel" (1960). „Das Lied versprüht einfach immer gute Laune, und ich wollte es für meine Fans endlich auch einmal auf Deutsch interpretieren, damit alle mitsingen und mittanzen können", meint Rosanna, während sie mit uns in der Küche ihr süßes Lieblingsrezept zubereitet.

Solothurn – die Heimat ROSANNA ROCCIS

Rosanna Roccis Geburtsstadt Solothurn, Hauptstadt des gleichnamigen Schweizer Kantons, kann sich zu Recht mit dem Titel „Schönste Barockstadt der Schweiz“ schmücken.

Ein anderer Beiname ist „Ambassadorenstadt“, denn von 1530 bis zur Französischen Revolution war in Solothurn der Sitz der Botschafter des französischen Königs, und nicht zuletzt durch ihren großzügigen Lebensstil flossen zweieinhalb Jahrhunderte lang erhebliche Finanzmittel in die Stadt an der Aare. Davon zeugen noch heute die prächtigen Gebäude der Solothurner Altstadt, die im Wesentlichen in dieser Zeitphase entstanden und bis heute in ihrem ursprünglichen Zustand erhalten geblieben sind. Dem Besucher präsentiert sich dadurch ein breites Spektrum verschiedener Architekturstile. Neben vielen anderen Sehenswürdigkeiten ist der Zeitglockenturm aus den Anfängen des 13. Jahrhunderts ein touristisches Muss. In seiner Figurengruppe, bestehend aus Ritter, Tod und König, dreht der Sensenmann jeweils zur vollen Stunde sein Stundenglas und zeigt dem Ritter dadurch die Vergänglichkeit allen Seins an. Das imposante Zeughaus, um 1610 errichtet, zeigt heute eine der größten Harnischsammlungen Europas.

Das Wahrzeichen Solothurns ist die St. Ursenkathedrale, die auf ihrem erhöhten Fundament schon von Weitem sichtbar und in besonderer Weise mit der Zahl Elf verbunden ist. Ihre Freitreppe ist in drei Absätze mit je elf Stufen unterteilt, und die Bauzeit betrug elf Jahre. Die Fassade ist dreimal elf Meter hoch, der Turm mit seinen elf Glocken misst bis zum Wetterhahn sechsmal elf Meter. Im Inneren finden sich elf Altäre, und die Bankreihen sind in Elfergruppen angeordnet. Auch in der übrigen Stadt stößt man immer wieder auf die Zahl Elf.

KULINARIK INFO

DIE SOLOTHURNER TORTE

Kulinarisch bekannt geworden ist die Stadt durch die Solothurner Torte, ein süßer Traum aus gemahlenen Haselnüssen, Biskuit, Baiser und Rahm und als beliebtes Mitbringsel in zahlreichen Bäckereien, Cafés und Confiserien erhältlich.

MARILLENKNÖDEL aus KARTOFFELTEIG

Zutaten für 4 Personen

1 kg reife Marillen (Aprikosen)
Würfelzucker
750 g mehlige Kartoffeln
225 g Mehl
Salz
2 Eier
Butter
Semmelbrösel
Zimt & Staubzucker (Puderzucker)

ZUBEREITUNG

Für den Teig Kartoffeln weich kochen, schälen, durchpressen, auskühlen lassen. Mehl, Salz und Eier darunter mischen, zu einem glatten Teig kneten. Marillen (Aprikosen) längs aufschneiden, entkernen, jeweils mit einem Stück Würfelzucker füllen. Teig ausrollen und jede Aprikose mit dem Teig hauchdünn umschließen. Mit bemehlten Händen den Knödel nachformen. Die Knödel in kochendes Salzwasser legen, ziehen lassen, bis die Knödel an die Oberfläche steigen (nach etwa 7 Min.). Semmelbrösel in Butter bräunen und Knödel darin wälzen, bis sie rundum davon umschlossen sind. Mit Zimt und Zucker servieren.

TIPP: Alternativ kann man statt der Aprikosen auch Zwetschken (Pflaumen) verwenden.

Fruchtig

FRANCINE JORDI

Der Schweizer Charme

Francine Jordi hatte bereits im Alter von zehn Jahren ihren ersten Bühnenauftritt. Mit ihrer Schwester Nicole sang sie in der Formation „Gospel Four" und studierte am Konservatorium in Neuchâtel Gesang und Klavier. Mit dem Titel „Das Feuer der Sehnsucht", mit dem sie für die Schweiz beim Grand Prix der Volksmusik 1998 den ersten Platz erringen konnte, startete die bezaubernde Schweizerin in die erste Liga der Schlagermusik. Auf ihrer 2004 erschienenen CD singt Francine Jordi ein Duett mit Nino de Angelo („Und wenn ich abends einschlaf") sowie auf Schweizerdeutsch den Titel „Träne" mit ihrem jetzigen Lebensgefährten, dem Schweizer Produzenten und Sänger Florian Ast. „Träne" brachte den beiden in der Schweiz eine Platin-Auszeichnung. Den begehrten Prix Walo konnte Francine insgesamt fünfmal in verschiedenen Kategorien gewinnen, womit man sie getrost als beliebteste und erfolgreichste Schweizer Sängerin bezeichnen kann. Francine Jordi ist seit Mai 2009 mit dem ehemaligen Radsportler Tony Rominger verheiratet. Im Mai 2011 gab sie jedoch offiziell bekannt, dass sie seit Februar mit ihrem Kollegen Florian Ast liiert ist. Freunde und Bekannte der beiden Künstler meinen, dass die beiden vom Temperament und den Interessen her einfach für einander geschaffen sind!

Was sie gar nicht gern hört, ist der abgedroschene Sager vom „süßesten Schweizer Musikexport" – ein im wahrsten Sinn „abgelutschtes" Prädikat. Süß und Schweiz, da denkt man an Schokolade! Und vielleicht gerade deshalb hat Francine Mousse au chocolat – eine herrliche Dessertköstlichkeit – für uns ausgesucht. Selbst wenn man bei ihrer Traumfigur kaum glauben kann, dass sie gern nascht: „Wenn ich Lust auf etwas habe, dann genieße ich es einfach, da denke ich dann nicht großartig nach, sondern lass es mir schmecken", erklärt uns die Beauty lachend.

MOUSSE au CHOCOLAT

Zutaten für 4 Personen

2 Tafeln gute dunkle Schokolade,
am besten Schweizer-Zartbitter
(Lindt 70 %)
4 Eier
250 ml Schlagobers (Schlagsahne)
etwa 50 g Zucker
2–3 EL kochendes Wasser
(Die Wassermenge kann nach Belieben durch Likör, Cognac etc. ersetzt werden.)

ZUBEREITUNG

Die Schokolade im Wasserbad so lange erhitzen bis sie geschmolzen ist. Eigelb und Eiweiß vorsichtig voneinander trennen, zunächst das Eiweiß, anschließend die Sahne steif schlagen. Beides unabhängig voneinander in den Kühlschrank stellen. In der Zwischenzeit Eigelb, Zucker und Wasser in einer Schüssel so lange im Mixer verrühren, bis eine schaumartige Masse entstanden ist. Danach die geschmolzene Schokolade hinzufügen und so lange vorsichtig einrühren, bis eine zähe braune Masse entstanden ist. Damit die Mousse au Chocolat nicht erstarrt und sich keine Klumpen bilden, am besten mit einem Schneebesen weiterarbeiten und zuerst das Eiweiß und danach die Sahne behutsam unter die Masse heben. Die fertige Mousse au Chocolat hat ein hellbraunes schaumiges Aussehen und ist zunächst noch flüssig. Die Masse in Portionsgefäße umfüllen und in den Kühlschrank stellen.
In der Regel wird das Mousse innerhalb von vier Stunden fest und servierfertig. Frische Beeren oder Früchte der Saison harmonieren perfekt zu dieser Köstlichkeit.

Mmmmh

Schloss Worb – in der Heimat von FRANCINE JORDI

Am 24. Juni im Schweizerischen Richigen, einer Agglomerationsgemeinde von Bern geboren, ist Francine Jordi ohne Zweifel ein wahrer Sonnenmensch. Was möglicherweise auch an der einmaligen Kulisse liegen mag, die ihre Heimat zu bieten hat.

Francine Jordis Heimatort gehört zur politischen Gemeinde Worb im Verwaltungskreis Bern-Mittelland, dessen Wahrzeichen Schloss Worb eine spannende Geschichte zu erzählen hat. Aus dem frühen Mittelalter stammend, wurde die Burg nach einem Brand im Jahre 1535 neu erbaut. Ende des 16. Jahrhunderts gehörte die Herrschaft Worb drei Miteigentümern und wurde in der Folgezeit noch weiter aufgeteilt, bis 1668 Christoph von Graffenried (1603–1687) sämtliche Teile wieder vereinigen konnte. Sein Neffe war Christoph von Graffenried (1661–1743), der Gründer der Kolonie New Bern in North Carolina. Der Berner Patrizier wurde nach einem Studium der Rechtswissenschaft, Geschichte und Mathematik in Leiden und Cambridge 1691 Mitglied des Rats der Zweihundert in Bern und wirkte von 1702 bis 1708 als Landvogt in Yverdon. 1710 gründete er mit Unterstützung der britischen Krone die Kolonie New Bern, kehrte jedoch nach Angriffen der Tuscarora-Indianer und dem Verlust seines ganzen Vermögens wieder nach Worb zurück.

KULINARIK INFO

DER EMMENTALER

Der mittlerweile in Käsereien in aller Welt produzierte Emmentaler Käse stammt ursprünglich tatsächlich aus dem Emmental, einer hügeligen Mittelgebirgslandschaft im Schweizer Kanton Bern, wo er auch heute noch auf traditionelle Weise hergestellt wird. Während für die Produktion des Emmentalers in anderen Ländern auch durch Wärmebehandlung haltbar gemachte Milch verwendet werden darf, ist die Herstellung im Emmental und in der übrigen Schweiz nur aus Rohmilch, also aus unbehandelter Milch, erlaubt. Außerdem gelten für die anliefernden Höfe bestimmte Fütterungsbestimmungen. Und der traditionelle Produktionsvorgang, der für eine gleich bleibende hohe Qualität sorgt, hat sich in den vergangenen 100 Jahren nur unwesentlich geändert.

MONIQUE

Die Frohsinnige

Sie steht im Leben – voll mittendrin. Nie hat die Aussage der Berner Frohnatur mit dem herzhaften, ansteckenden Lachen glaubwürdiger geklungen als jetzt! Monique ist aber nicht nur die gefeierte Künstlerin, die mit dem „Prix Walo" (dem Schweizer Oscar) als Publikumsliebling ausgezeichnet wurde, sondern seit 1997 voll im Showbiz engagiert. Beim Grand Prix der Volksmusik 1999 siegte sie mit dem Titel „Einmal so, einmal so"und moderierte zusammen mit dem Sänger Leonard sowohl die schweizerische Vorentscheidung als auch das internationale Finale des Grand Prix der Volksmusik 2000 und 2001. Zuletzt trat sie mit Kinderliedermacher Roland Zoss und der Maus Jimmy-Flitz erstmals mit volkstümlichen Mundartliedern auf.

Monique ist auch eine liebevolle, fürsorgliche und verantwortungsbewusste Mutter, die ihre Kinder – Tochter Alexandra (7) und die Zwillinge Kaspar und Sarah (5) – ebenso liebt wie ihren Ehemann Kaspar. Tatkräftig geht sie ihrem Schatz im Restaurant Frohsinn in Reichenburg in der Schweiz zudem als Wirtin zur Hand und bringt auf bewundernswerte Weise alle ihre Tätigkeiten unter einen Hut, ohne dabei ihr erfrischendes Lachen zu verlieren.

Das süße Rezept hat sie selbst schon oft für ihre Liebsten auf den Tisch gezaubert.

Bern– die Heimatstadt von MONIQUE

Monique – sie ist häufiger Gast bei vesrchiedenen volkstümlichen Fernsehsendungen – wuchs in Bern auf und lernte schon im frühen Kindesalter das Akkordeonspiel. Daneben spielte sie Pauke in einer Guggenmusik – eine stark rhythmisch unterlegte, auf alten Überlieferungen fußende Musik im alemannischen Raum – und musizierte mit dem Keyboard.

Nach der Schule erlernte sie, als typische Bürgerin ihrer Stadt, einen kaufmännischen Beruf. Die Berner sind nicht nur fleißige und gute Kaufleute, sie sind auch traditionsbewusst. So finden sie für die Herkunft des Namens der Stadt Bern mehrere Erklärungen, die zum Teil auf alten Legenden beruhen. Die bekannteste ist die der Justingerchronik, wonach der Stadtgründer Herzog Berchtold V. von Zähringen beschlossen habe, die Stadt nach dem ersten in den umliegenden Wäldern erlegten Tier zu benennen. Dies soll ein Bär gewesen sein. Möglicherweise aber kommt Bern vom keltischen Wort berna für „Kluft" oder „Schlitz", der als Flurname eine bestimmte Stelle oder einen Aareabschnitt bezeichnet habenkönnte. Nach der Stadt Bern wurden mehrere Ortschaften in den Vereinigten Staaten von Amerika benannt. Am bekanntesten ist die 1710 vom Berner Patrizier Christoph von Graffenried gegründete Hafenstadt New Bern in North Carolina, wo die Pepsi-Cola erfunden wurde.

WISSENS INFO

BERNER FASNACHT

Seit 1982 findet im Frühjahr in der Berner Altstadt mit über 50.000 Besuchern die drittgrößte Fasnacht der Schweiz statt. Der Berner Fasnachtsauftakt beginnt am 11. November um 11:11 Uhr auf dem Bärenplatz. Zu diesem Zeitpunkt wird der Berner „Fasnachtsbär" für seine Winterruhe in den Käfigturm eingeschlossen. Dieser Anlass wird von verschiedenen Guggenmusikern aus der Stadt Bern und Umgebung begleitet. Ungefähr drei Monate später, am Donnerstag nach dem Aschermittwoch, wird die Berner Fasnacht beim Käfigturm mit der Bärenbefreiung und der anschließenden „Ychüblete" (Eintrommeln) eröffnet. Dabei wird der Fasnachtsbär geweckt und aus seinem Käfig befreit.

CRÊPES à la MONIQUE

Zutaten für 4 Personen

Teig
80 g Mehl
1 Prise Salz
1 EL Vanillezucker
2 Eier
100 ml Milch
100 ml Mineralwasser (prickelnd)
2cl Cognac
Butter zum Braten

Fülle
200 ml Sahne
50 g Schweizer Schokolade mit Nüssen
50 g gemahlene Walnüsse
50 g gehackte Walnüsse
2 cl Amaretto (Mandellikör)

ZUBEREITUNG

Aus allen Zutaten einen feinen Crêpeteig rühren, eine halbe Stunde rasten lassen. Butter in einer flachen, nicht zu hohen Pfanne zerlassen, einen halben Schöpfer von dem Teig in die Mitte der Pfanne gießen und vorsichtig schwenken, damit sich der Teig gleichmäßig verteilt und überall gleich dick ist. Die Sahne erhitzen, Schokolade in kleine Stücke brechen und in der Sahne schmelzen. Unter Rühren einige Minuten kochen lassen, dann von der Kochstelle nehmen und die Nüsse und den Amaretto darunter rühren. Die Fülle auf die Crêpes auf einem Teller anrichten. Mit Vanilleeis und geschmolzener Schokolade servieren.

Süße Verführung

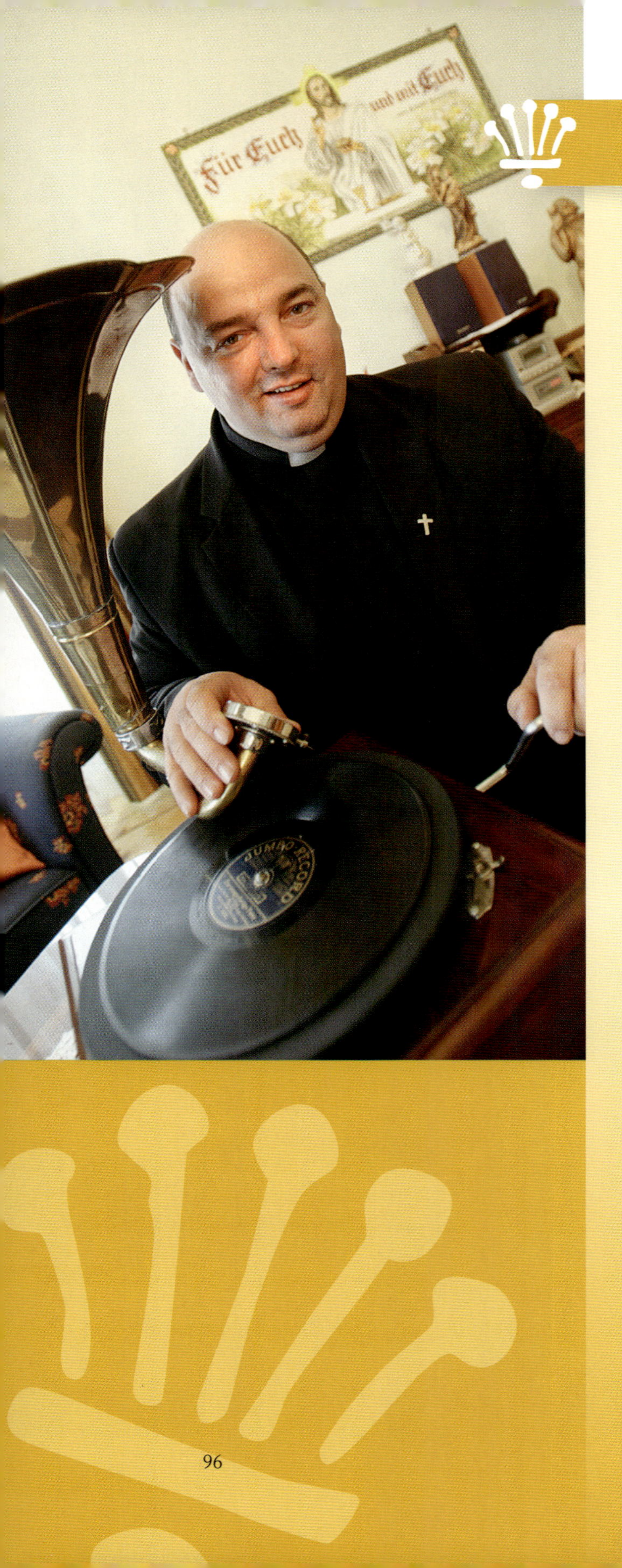

PFARRER BREI

Der Seelen-Sorger

Lebensfreude und Glaube, das sind wohl die wichtigsten Zutaten für das unglaubliche Erfolgsrezept dieses volksnahen Vorarlberger Gottesmannes, der in der Steiermark (genauer in Unterlamm) seine seelsorgerische Niederlassung fand. Als „singender Pfarrer" feierte er unglaubliche Erfolge, nicht nur beim Grand Prix der Volksmusik 2009, sondern auch mit zahlreichen Platzierungen in den Charts. Sein Album mit christlichen Klängen wurde mit Platin ausgezeichnet. Pfarrer Brei wurde zu allen großen TV-Shows eingeladen. Auf die Frage, ob er sich auf Grund des großen Erfolgs vermehrt der Musik widmen möchte, antwortete Pfarrer Brei: „Nein, ich bin Seelsorger aus Berufung, meine Musik soll den Menschen Freude bringen und helfen!"

Ganz nach dem Motto „Genießen, nicht völlern" hat uns der singende Gottesmann ein Rezept für eine gesunde, leichte Fastensuppe mitgebracht, die aber trotzdem lecker schmeckt. Kraut, Kohlrabi und Kartoffel bilden die traditionellen Zutaten vieler Rezepte in der Fasten- und Diätküche. Die entwässernde und entschlackende Wirkung der Zutaten hilft, den Körper zu reinigen.

Pfarrer Breis Rezept ist eine schmackhafte und gesunde Variante der Fasten- und Diätsuppen aus der Tradition der österreichischen Küche. Die hier präsentierte Suppe wurde zusätzlich noch mit frischen Kräutern verfeinert: Koriander, Estragon, Dille, Basilikum, Petersilie etc.

KRÄUTER-FASTENSUPPE

Zutaten für 4 Personen

500 g Weißkraut
3 TL Zitronensaft
1 Zwiebel
75 g Butter
1–2 mehlige Kartoffeln
1 l Gemüsefond
1 Kohlrabi
1 TL Salz
75 g glattes Mehl
1 Prise geriebene Muskatnuss
frische gehackte Kräuter
(z. B. Koriander, Estragon,
Dille, Basilikum, Petersilie)
Schwarzbrot
1 Knoblauchzehe
3 EL Olivenöl

ZUBEREITUNG

Kartoffeln, Kraut und Kohlrabi in ca. 1 cm große Würfel schneiden und im heißen Gemüsefond bissfest kochen. Die Zwiebel in feine Streifen schneiden und in der Butter glasig anschwitzen. Zwiebel mit Mehl gut abstauben und eine goldgelbe Mehlschwitze bereiten. Den Gemüsefond mit der Mehlschwitze binden und mit Salz, Pfeffer, Zitronensaft und Muskatnuss abschmecken. Die Kräuter fein hacken und in die Suppe einrühren.

Als Einlage Schwarzbrotwürfel. Dazu einfach Schwarzbrotscheiben in ca. 1 cm große Würfel schneiden und mit einer gehackten Knoblauchzehe kurz in heißem Olivenöl knusprig backen.

Dazu passt am besten klares Wasser oder Mineralwasser mit Zitrone.

Köstlich

Bludenz – Geburtsort von PFARRER BREI

Franz Brei ist gebürtiger Bludenzer, den es immer wieder in die Berge zieht. Kein Wunder, liegt doch die südlichste Stadt Vorarlbergs auf 570 Meter Höhe am Schnittpunkt der Täler Walgau, Brandnertal (Rätikon), Montafon (Silvretta), Klostertal (Arlberg) und etwas weiter Ill-abwärts des Großen Walsertals.

Bedenkt man, dass beinahe die Hälfte der Gemeindefläche bewaldet ist, so findet sich in jeder Jahreszeit die Möglichkeit, die Natur zu genießen und Energie zu sammeln.
Aber nicht nur die Jahreszeiten verändern die Wanderwege, sondern auch die Wanderung selbst verändert sich vom Tal zum Berg hinauf, meint Pfarrer Brei. Der dichte Mischwald mit seinen Licht- und Schattenspielen am Anfang der Wanderung, geht in einen immer lichter werdenden Nadelwald über, bis man auf idyllische Almlandschaften mit oft nur mehr vereinzelt stehenden Baumgruppen trifft. „Und je höher man kommt, desto schöner wird der Ausblick runter ins Tal oder einfach nur auf die andere Seite rüber“, so der singende Seelsorger.

KULINARIK INFO

FUNKAKÜACHLE

Ein Funkenküchlein (auch Gezogene, Krapfen, Funkaküachle, Funkenküchle oder Pfosen) ist ein Schmalzgebäck, das im schwäbisch-alemannischen Raum traditionellerweise zum Funkensonntag (das ist der erste Sonntag nach dem Aschermittwoch, also zu Beginn der Fastenzeit) im Fett herausgebacken wird. Der Funkensonntag wird in Vorarlberg wegen der Funkenküachle auch „Küachlesonntag“ genannt. Dabei wird der Teig in kleine runde oder rechteckige Scheiben geschnitten. Diese werden nun ständig von der Mitte her nach außen gedreht, sodass sich außen ein gewölbter, dicker Rand bildet. Das runde Innenfeld („Fenster“) bleibt hauchdünn. Diese Scheiben werden kurz schwimmend in heißem Fett gebacken und mit ein wenig Zucker oder Zimtzucker bestreut.

Dieses Gebäck wurde gegen Ende des 19. Jahrhunderts und Anfang des 20. Jahrhunderts von den Hausfrauen vor allem für (arme) Kinder gebacken, die mit Heischesprüchen durch das Dorf zogen, um Brennmaterial im Austausch gegen die Küachle für die Funkenfeuer zu sammeln.

MARKUS WOLFAHRT

Der Leidenschaftliche

Markus Wolfahrt ist Musiker aus Leidenschaft und bei Radio- und Fernseh-Sendungen wie „Aufgegabelt in Österreich" oder „Ab in den Urlaub" brillierte er als Moderator. Er war mehr als drei Jahrzehnte der Frontmann einer der erfolgreichsten Schlagertruppen: den Klostertalern. Wenn es darum ging, die Band zu vertreten, dann tat das Markus, auch Interviews gab nahezu ausschließlich er. Damit schupfte er den Laden als Sänger, Organisator und Band-Papa in Personalunion. Er war der Chef, aber so würde sih der Teamplayer nie bezeichnen. Wir aber, wir dürfen das: Markus Wolfahrt war Chef der höchst erfolgreichen Klostertaler.

2008 entschied die Gruppierung, mit dem Jahr 2010 die Klostertaler in Rente zu schicken. Man ging im Guten auseinander. Einige der Kollegen hatten andere Pläne, und irgendwann will man auch nicht mehr andauernd auf Achse sein. Der Abschied war nicht einfach. Markus Wolfahrt ist kein anderer Mensch geworden, sondern einer, der sich getraut hat öffentlich zu reifen. Das klingt eigenartig, aber als ein Künstler, der seit Jahren mit Happy-Power-Pop die Stimmung angeheizt hat, traut er sich nun zu sagen, dass das nun auch genug und die Zeit für anderes gekommen sei. „Ein Aufbruch zu neuen Ufern", wie er sagt, und er weiß, dass ihm viele der Klostertaler-Fans auf seinem Weg folgen werden. „Ich will meinen Weg gehen und alle sind herzlich eingeladen, diesen mitzugehen", sagt Markus.

Kulinarisch überrascht uns der gutaussehende Vorarlberger mit einem typisch Kärntner Rezept, das Markus vor allem wegen seiner Leichtigkeit schätzt.

Klösterle – Heimatort MARKUS WOLFAHRTS

1976 gründete Markus Wolfahrt gemeinsam mit seinem Bruder Thomas Berthold die „Jungen Klostertaler". Am 15. August 2010 gaben die „Klostertaler" in ihrer Heimat Klösterle am Arlberg ihr Abschiedskonzert im Rahmen der alljährlichen „Klostertaler Alpenparty". Dabei ist Klösterle eine sehr kleine Gemeinde mit 688 Einwohnern und dennoch der Hauptort des Klostertals. Auf 1073 Meter Seehöhe gelegen, ist der wichtigste Erwerbszweig der Fremdenverkehr: Bis zu 135.000 Übernachtungen kann die Gemeinde verzeichnen.

Durch das Klostertal mit seinen Gemeinden Dalaas, Klösterle und Innerbraz führt die Arlberg-Schnellstraße und die Westrampe der Arlbergbahn in die schönsten Erholungsorte der Region, deshalb hat Gastfreundschaft hier eine lange Tradition. Jeder findet im Klostertal sein individuell auf ihn zugeschnittenes Naturerlebnis – von abwechslungsreichen Wanderungen bis zur herausfordernden Gipfeltour. Im Sommer haben Genussradler wie Gipfelstürmer gleichermaßen die Qual der Wahl bei dem vielfältigen Angebot an offiziellen, beschilderten Rad- und Mountainbikestrecken in allen Schwierigkeitsgraden und Höhenlagen. Beim Schifahren im Familienschigebiet Sonnenkopf oder am nahe gelegenen Arlberg, beim Winterwandern inmitten unberührter Winterlandschaft, beim Langlaufen auf bestens präparierten Loipen oder beim Schneeschuhwandern auf zahlreichen markierten Routen fällt dem Besucher die Wahl auch nicht leichter …

WISSENS INFO

EIN WANDERTIPP INS MONTAFON

Ausgangspunkt: Dalaas, Gasthof Krone. Die fünfstündige Wanderung vom Gasthof Krone in Dalaas führt zunächst zum Schützenhaus, über einen gesicherten Steg durch eine Felswand zum Brazer Stein und weiter über Serpentinen durch den Hochwald zum Aussichtspunkt Küngs Maisäß. Anschließend entlang des Bachs aufwärts bis zum Querweg Alpe Latons – Falle – Ganzaleita – Kristberg, wo eine gotische Knappenkirche als besondere Attraktion gilt. Talwärts führt der Weg zum Bruderhüsle zurück nach Dalaas. Die restaurierte Alphüttengruppe Küngs Maisäß wirkt wie ein versunkenes Kleinod. Der Fallbach ist ein Naturdenkmal, er stürzt von 1430 auf 820 Meter ins Klostertal. Und beim Rückweg vom Kristbergsattel wird an der Kapelle „Bruderhüsle" die schaurige Legende von toten Kindern erzählt, die zwischen Klostertal und Montafon hin- und hergetragen wurden. Allgegenwärtig der Blick in die rötliche, mächtige Südflanke der Roten Wand, Königin des Lechquellengebirges.

MOSTSUPPE

Zutaten für 4 Personen

40 g Kartoffeln
60 g Karotten (Möhren)
60 g Sellerie
20 g Lauch
1 EL Butter
3 Gewürznelken
500 ml Most (ersatzweise 250 ml Most und 250 ml Apfelsaft)
500 ml Suppe
500 ml Obers
20 g Speck
1 kleiner Apfel
2 Scheiben Schwarzbrot
1 EL Butter
gehackte Petersilie
Salz & Pfeffer

ZUBEREITUNG

Kartoffeln schälen, Karotten, Sellerie und Lauch waschen und kleinwürfelig schneiden. Das Gemüse in Butter anrösten, Nelken dazugeben, mit Most und Suppe aufgießen und auf kleiner Flamme ca. 30 Min. kochen lassen. Suppe mit dem Pürierstab mixen, Obers dazugeben und noch einmal aufkochen lassen. Mit Salz und Pfeffer würzen. Speck und Apfel kleinwürfelig schneiden und miteinander rösten. Schwarzbrot in Würfel schneiden und in Butter rösten. Suppe in Tellern anrichten, mit Speck, Apfel- und Schwarzbrotwürfeln bestreuen und mit Petersilie garnieren.

Sensationell

GILBERT

Der Zielsichere

Der Weg ist das Ziel. Wer sich ein solches Lebensmotto wählt, kommt auch mit Kurven, Höhen und Tiefen zurecht. Gilbert Soukopf jedenfalls sieht Schwankungen im System nicht allzu dramatisch. Der gebürtige Tiroler, der seit seinem achten Lebensjahr auf der Bühne steht, hat sich in den vergangenen Jahren einen Namen als glaubwürdiger Sänger und Songschreiber im deutschsprachigen Raum gemacht. Auf die Frage, was ihm denn als Künstler am wichtigsten sei, sinniert Gilbert: „Erstens: Wenn ich auf der Bühne stehe und die Leute meine Songs nachsingen. Zweitens: Wenn man ein Publikum von 20 bis 70 erreicht, das meine Musik gleichermaßen mag. Und drittens: Wenn man die Menschen berührt." Das sind Gilberts Wünsche und Ansprüche an sich selbst und seine Songs. „Es passiert immer wieder, dass mich Menschen ansprechen auf meine Texte. Sie finden sich darin wieder. Wie wunderbar ist das!"

Nicht nur, dass sein Sohn Benjamin, den Gilbert als den wichtigsten Menschen in seinem Leben bezeichnet, dem Vater musikalische Inputs gibt, auch in der Küche wird gern das fabriziert, was Vater wie Sohn gern mögen. Hier eines der Lieblingsrezepte Gilberts: Kaiserschmarren.

KAISERSCHMARREN

Zutaten für 4 Personen

3 Eier
250 ml Milch
120 g glattes Mehl
50 g Zucker
1 Prise Salz
Butter
Staubzucker (Puderzucker) zum Bestreuen
Rosinen nach Belieben, die man vorher in Rum einlegen kann
100 g Butterschmalz zum Herausbacken

ZUBEREITUNG

Milch und Mehl mit Schneebesen gut vermengen, leicht salzen. Die ganzen Eier in die Mehl-Milch-Masse geben und leicht unterrühren, eventuell Rosinen darunter ziehen. In der Pfanne Butterschmalz erhitzen, Teig eingießen und zugedeckt auf der einen Seite goldgelb backen, dann wenden. Nach ca. 1 Min. mit 2 Gabeln in Stücke zerreißen, etwas Butter und Kristallzucker beigeben, nochmals zugedeckt ca. 2 Min. unter häufigem Wenden fertig backen. Sofort mit Staubzucker am Teller stauben und servieren.

Als Beilage empfehlen wir Preiselbeeren, Zwetschkenröster oder Apfelmus. Gutes Gelingen!

Himmlisch

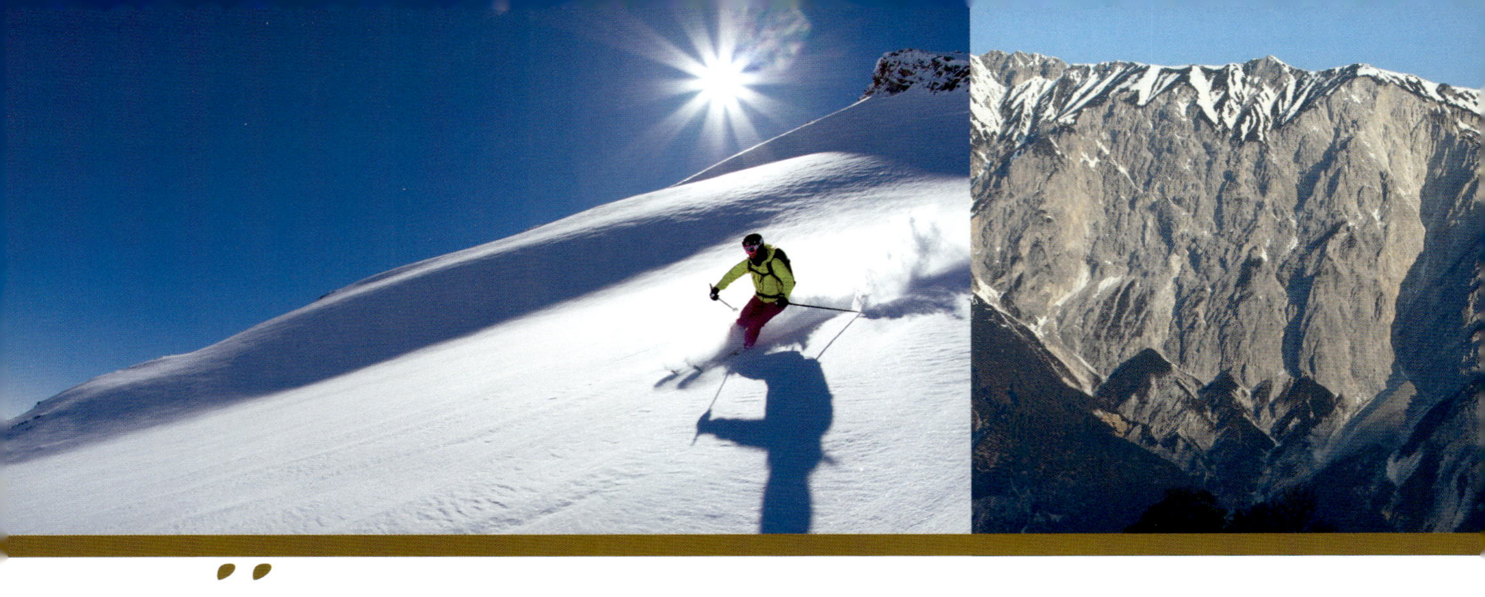

Ötztal – die Heimat von GILBERT

„Wenn du die Bergfelsen direkt hinterm Wohnzimmer hast und so wie ich auch noch gerne kletterst und Schi läufst, dann scheust du irgendwann keine Wege mehr", sinniert der sportbegeisterte Sänger.

Gilbert, der typische Tiroler, wurde in Innsbruck geboren und wuchs im Tiroler Ötztal auf. Bekannt bei Wintersportlern ist es durch die Schigebiete Sölden-Hochsölden, Obergurgl-Hochgurgl und Oetz, aber echte Berühmtheit erlangte es durch den Fund der Gletschermumie, die als „Ötzi" in den Medien bekannt wurde. Der Mann im Eis wurde 1991 im Gletscher am oberen Ende des 65 Kilometer langen Tals gefunden. Mit mehr als drei Millionen Übernachtungen im Jahr, davon zwei Drittel im Winter, zählt das Ötztal zu den Haupttourismuszentren Österreichs. Am südlichen Ende des Tals, in Hochgurgl, beginnt die Straße zum Timmelsjoch, eine Straße, über die man im Sommer nach Passeier in Südtirol gelangen kann.

KULINARIK INFO

DER KAISERSCHMARREN

und wie er angeblich zu seinem Namen kam

Viele köstliche Anekdoten ranken sich um die Entstehung des Namens, und sie sind so charmant, dass man beinahe geneigt ist, jede davon für die einzig richtige zu halten. Hier nur eine davon: Kaiser Franz Josef wünschte sich eines Tages zum Nachtisch Palatschinken. Sein Haus- und Hofkoch bereitete ihm die Süßspeise zu, jedoch geschah ihm dabei ein Missgeschick: Beim Wenden des Teiges riss die Palatschinke und verlor dadurch ihre charakteristische Gestalt. Wütend über seine Ungeschicklichkeit stülpte der Koch eine Servierglocke über das misslungene Dessert und verließ die Küche, um ein wenig frische Luft zu schnappen. Doch während seiner Abwesenheit aus der Küche bemerkte der Kammerdiener des Kaisers die Speiseglocke und servierte sie seinem Herrn. Er dachte, es handle sich um den fertigen Nachtisch für den Monarchen. Als Kaiser Franz Josef die Glocke hob und die zerrissenen Palatschinken erblickte, fragte er überrascht seinen Kammerdiener: „Sag er mir, was ist denn das für ein Schmarren?" (Schmarren bedeutet auf Wienerisch „Unfug".) Der Kammerdiener antwortete geistesgegenwärtig: „Gestatten, Majestät, das ist ein Kaiserschmarren!" Er zuckerte das Dessert noch und schon war aus der Küchenpanne des Koches eine neue köstliche Nachspeise geworden, die fortan Kaiser Franz Josef vorzüglich mundete.

MARC PIRCHER

Der Fleißige

Marc Pircher ist wahrscheinlich der fleißigste und zielstrebigste Musikant der Szene. Der junge Zillertaler aus Ried hat in der Branche eigentlich bereits alles erreicht, was nur möglich ist: Grand-Prix-Sieg und zahllose Edelmetall-Auszeichnungen sowie eine Moderatoren-Karriere (Gut Aiderbichl, die GP-Vorentscheidungen in Österreich), die seiner Musikerkarriere ganz und gar nicht geschadet hat. Dazu gehören aber auch der Mega-Hit „Sieben Sünden", eine junge, glückliche Ehe, zwei gesunde Kinder und eine Familie, die felsenfest hinter ihm steht.

Marc isst eigentlich nur drei Speisen wirklich gern: Wiener Schnitzel, Grillteller und seine Spaghetti Bolognese. Marc mag auch keinen Parmesan dazu – seine Mutter Waltraud verriet uns, dass er bestenfalls einen milden Butterkäse darüber streut, am besten den aus dem Zillertal. Deshalb hat er uns hier sein Spezialrezept verraten: Spaghetti Bolognese.

Ried im Zillertal – Heimatort von MARC PIRCHER

Marc Pircher, Jahrgang 1978, ist seinem Heimatort treu geblieben. Hier, in Ried, hat er seinen Lebensmittelpunkt – im mittleren Zillertal, links vom Ufer des Ziller gelegen.

Die Gemeinde besteht aus Kleinried, Großried und Taxach am Schuttkegel des Riedbachs sowie dem von Bauernhöfen geprägte Riedberg am Berghang. Der Ortsname aus der Zeit der bayerischen Landnahme hängt mit „roden" zusammen. Doch während der Ortsteil Riedberg landwirtschaftlich geprägt ist, gibt es im Hauptort Ried ein breites Spektrum an Gewerbe-, Handels- und Dienstleistungsbetrieben. Daneben ist Ried eine zweisaisonale Tourismusgemeinde. Dass in einer landschaftlich so effektvollen Kulisse nicht nur die Musikalität und die Sportlichkeit zum Erblühen kommen, zeigt die Auszeichnung eines Zillertalers im Jahr 2005 zum Koch des Jahres. Alexander Fankhauser wurde sowohl mit einem Michelinstern als auch vom Restaurantführer Gault-Millau mit drei Hauben für seine kulinarischen Köstlichkeiten ausgezeichnet.

KULINARIK INFO

ZILLERTALER HEUMILCHKÄSE

Zillertaler Heumilchkäse wird ein besonderer Käse aus dem Zillertal genannt. Heumilch stammt von Kühen, die im Sommer nur mit Grünfutter und im Winter nur mit Heu gefüttert werden. So weisen die Heumilch und der daraus gewonnene Käse Geschmackskomponenten auf, die in direkter Beziehung zur lokalen Pflanzenvielfalt stehen. Bei einem Rundgang in der „Erlebnis-Sennerei Zillertal" in Mayrhofen kann man bei der Produktion des Käses zusehen und ihn sich auf der Zunge zergehen lassen. In stilvollem Ambiente werden die Besucher mit einem Käseteller mit sieben verschiedenen Käsesorten der Sennerei Zillertal, mit Zillertaler Holzofenbrot und frischer Sennereibutter verwöhnt. Außerdem gibt es die interessante Veranstaltungsreihe „Käse mit Musik", bei der vornehmlich die Zillertaler Volksmusikanten auftreten.

(weitere Informationen: www.sennerei-zillertal.at)

MAMAS SPAGHETTI BOLOGNESE

Zutaten für 4 Personen

500 g Spaghetti
1 Dose gewürfelte Tomaten
2 frische Fleischtomaten
500 g Hackfleisch
(halb Rind, halb Schwein)
1 Karotte
1 Zwiebel
1 Zucchini
200 ml Rotwein
100 ml Fleischbrühe
Kräuter der Provence
Oregano
Salz & Pfeffer
Paprikapulver
2 EL Olivenöl

ZUBEREITUNG

Die Spaghetti in Salzwasser mit einem Schuss Olivenöl nach Anleitung zubereiten. Olivenöl in einer tiefen Pfanne erhitzen und die gewürfelte Zwiebel kurz glasig anbraten. Das Hackfleisch dazugeben und weiter anrösten. Karotte, Zucchini, Tomaten zu kleinen Würfeln schneiden und zum Fleisch hinzufügen. Alles kurz anbraten lassen und dann mit den Dosentomaten ablöschen. Mit Rotwein und der Fleischbrühe aufgießen und mit Kräutern und Gewürzen abschmecken. Den Deckel auf die Pfanne geben und die Sauce auf niedriger Stufe mindestens 30 Min. köcheln lassen. Spaghetti mit der Sauce auf Tellern anrichten.

G'schmackig

DIE URSPRUNG BUAM

Die Zünftigen

Urig, zünftig, echt – das sind die Ursprung Buam! Die drei Chartstürmer aus Tirol begeistern Fans in ganz Europa mit ihrem eigenwilligen Sound. Die Ursprung Buam bestehen aus den Brüdern Andreas und Martin Brugger und ihrem Cousin Manfred Höllwarth, die schon in der Familie viel zusammen musizierten. Unter Vermittlung des Großvaters Lois Höllwarth fanden sie sich 1993 zu einem festen Trio zusammen. Die Brüder Martin und Andreas studierten beide Jus in Innsbruck, widmeten sich aber mit zunehmendem Erfolg ganz der Musik, ebenso der gelernte Waffenschmied Manfred. 1998 siegten sie bei der Volkstümlichen Hitparade des ORF und wurden daraufhin im Alpenraum sehr populär. Bis heute erhielten sie vier Mal Gold von ihrer Plattenfirma, und 2001 wurde ihnen in Wien der österreichische Musikpreis „Amadeus" verliehen. 2007 wurden sie für einen „Echo" nominiert. Übrigens: Der „Amadeus" wird für rein österreichische Unterhaltungsmusik vergeben, während der deutsche „Echo" auch den Klassik-Bereich auszeichnet.

FORELLE MÜLLERIN

Zutaten für 4 Personen

4 frische Forellen
Saft von 2 Zitronen
80 g Mehl
Kräuter der Saison
Butterschmalz & Butter
1 Hand voll Mandelblättchen

ZUBEREITUNG

Die Forellen innen und außen mit Salz und Pfeffer würzen, innen mit Zitronensaft beträufeln und mit gehackten Kräutern der Saison füllen. In Mehl wenden und sofort in ausgelassenem Butterschmalz anbraten. Nach 2–3 Min. wenden, etwas Teebutter dazugeben und zugedeckt ca. 5 Min. durchziehen lassen. Aus der Pfanne nehmen und sofort mit passenden Beilagen servieren. Vor dem Anrichten Mandelblättchen in der restlichen Butter aufschäumen lassen und über den Fisch geben. Als Beilage passen Petersilien- oder Dillkartoffeln sehr gut.

TIPPS: Die Forelle sofort nach dem Melieren anbraten, da nasses Mehl keine Farbe abgibt. Das Anbraten und das anschließende Beifügen der Butter unbedingt befolgen. So wird die Forelle extrem saftig. Ob die Forelle durch ist, erkennt man daran, dass auf Druck das Fleisch am Rücken des Fisches unter dem Finger zur Seite weicht.

Hervorragend

Ursprungpass – in der Heimat der URSPRUNG BUAM

Die Familie Höllwarth-Brugger, der Nukleus der Ursprung Buam, macht seit ungezählten Generationen Musik. Nur wenige Musiker können heute noch darauf verweisen, dass ihre Vorfahren schon im 16. Jahrhundert zünftig musizierten. Ihren Namen führt die heutige Formation auf den ihre Heimatgemeinde Thiersee überragenden Ursprungpass zurück.

Der an der Grenze zwischen Bayern und Tirol gelegene 836 Meter hohe Gebirgspass der Alpen liegt westlich von Kufstein und verbindet das Ursprungtal im Norden mit dem Thierseetal im Süden, in dem sich der Thiersee befindet und durch das der Kieferbach am Hechtsee (Tirol) vorbei fließend in Richtung Nordosten nach Kiefersfelden (Bayern) fließt. Die Passstraße, die Bayrischzell mit Kufstein verbindet, hat maximal 13 Prozent Gefälle und ist mit Wohnanhängern befahrbar. Während der Kieferbach unterhalb der Gemeinde Thiersee in Richtung Kiefersfelden (Bayern) nach Nordosten abknickt, verläuft die Straße von dort in Tirol kurvenreich über die Marblinger Höhe und vorbei am Längsee in Richtung Osten nach Kufstein.
Heute sind die Ursprung Buam mit ihren Kollegen wie den Zillertaler Haderlumpen, Marc Pircher, den Jungen Zillertalern und den Schürzenjägern einer der wichtigsten musikalischen Botschafter des Zillertales, wo sie auch mittlerweile ansässig sind.

WISSENS INFO

DIE VOLKSTÜMLICHE MUSIK

Der volkstümliche Schlager hat sich langsam seit Mitte der 1970er Jahre entwickelt und trat, von wenigen Ausnahmen abgesehen, erst viel später als eigenständige Musikrichtung hervor. Bis dahin war er lediglich eine Spielart der volkstümlichen Musik, die bereits seit den frühen 1960er Jahren populär war. Die volkstümliche Musik verbindet Elemente echter, bodenständiger Folklore mit anderen Gattungen der Unterhaltungsmusik, wobei vom Swing bis zu südeuropäischen Einflüssen nahezu alle Erscheinungsformen der leichten Musik ihre Spuren hinterlassen haben. Im Vordergrund stehen jedoch vertraute, heimatliche Klänge im Vierviertel-, gegebenenfalls im Walzer-Takt.

TRIO ALPIN

Die Fetzigen

Das Trio aus dem Zillertal feiert 2011 sein 25-jähriges Bühnenjubiläum – wie von den Fans erwartet mit fetzigem, unverwechselbarem Sound. Spezialitäten auf der steirischen Harmonika, Zillertaler Geige, Gitarre, Jodler, Boarischer, Stimmungs- und Partymusik sowie rockige Elemente haben die drei mehrfach ausgezeichneten Musiker im Programm: Josef Schweiberer, Walter Platzgummer und Markus Kröll zählen zu den absoluten Top-Profis in der Szene. Was für das Publikum so leicht und locker von der Bühne klingt, ist allerdings das Ergebnis von konstruktivem Fleiß, eisernem Willen, vielen harten Proben – und nicht zuletzt von Spaß, Können und Talent. Das Trio Alpin hat bis jetzt 17 CD-Produktionen und zwei DVDs präsentiert und das mit ständig wachsendem Erfolg und bei der immer größer werdenden Fangemeinde. „Das Lustigste dabei ist, dass wir jetzt bereits die Söhne und Töchter der Fans vor der Bühne stehen haben, vor denen wir zu Beginn unserer Karriere aufg'spielt haben!", meint Walter lachend!

Die Burschen stehen zu ihren Wurzeln und haben sich daher auch ein Rezept mit einer typisch regionalen Köstlichkeit, dem Tuxer Rindfleisch, ausgesucht.

Mayrhofen – Heimatort WALTER PLATZGUMMERS

Walter Platzgummer spielt im Trio Alpin die Diatonische Harmonika und das Keyboard. Der Junggeselle hat sich in Mayrhofen niedergelassen, der flächenmäßig viertgrößten Gemeinde Tirols, die an die 4000 Einwohner zählt.

1969 wurde Mayrhofen zur Marktgemeinde erhoben, 1973 die „Ehrenfahne des Europarates" in Straßburg verliehen und 1989 vom Europarat mit der „Ehrenplakette" ausgezeichnet. Für vorbildliche Umwelt- und Ortsbildpflege erhielt der Markt 1980 vom österreichischen Gemeindebund eine wertvolle Auszeichnung. In Mayrhofen finden regelmäßig verschiedene Fortbildungen für Anästhesisten statt, zum Beispiel das „Repetitorium Anaesthesiologicum", daher wird der Ort als Synonym für diese Fortbildungsveranstaltung in den entsprechenden Fachkreisen benutzt. Doch wie alle Gemeinden des Zillertales so wird auch Mayrhofens Wirtschaft vom Fremdenverkehr dominiert. Auf gut ausgebauten Wanderwegen mit einer Gesamtlänge von über 200 Kilometern können Gäste die reizvolle Landschaft des hinteren Zillertales genießen: Von Spaziergängen, leichten Wanderungen bis hin zu Hüttenwanderungen oder alpinen Hochtouren wird hier alles angeboten. Auch die Bergstationen der Seilbahnen Penken und Ahorn sind Ausgangspunkt für zahlreiche Bergtouren und Höhenwanderungen. Die Zillertaler Alpenwelt ist geprägt von einer einzigartigen Flora und Fauna. Hier lassen sich neben seltenen Tierarten auch leuchtend farbige Alpenblumen wie Enzian oder Arnika und sogar vereinzelt Orchideen beim Wandern finden. Und als einziges Ganzjahresschigebiet Österreichs wird hier Sommer-Schifahren am Hintertuxer Gletscher angeboten.

WISSENS INFO

DAS TUXER RIND

Eine Besonderheit der Tiroler Rinderzucht findet man nur im Zillertal. Während im Großraum Tirol gern die beiden sehr leistungsfähigen Rinderrassen, das Eringer Rind (eine der kleinsten Rinderrassen Europas) oder das Tiroler Grauvieh (auch Grigio Alpina genannt), gehalten werden, ist das Zillertal die Heimat von den beinahe ausgestorbenen Tuxer-Rindern. Heutzutage gibt es nur noch an die 300 Tiere. Das Fell des Tuxer Rindes ist entweder schwarz oder kräftig rotbraun. Es hat weiße Flecken an der Beckengegend und am Schwanzansatz. Der eher kurze Kopf ist breit und trägt starke Hörner. Der Rumpf des Tieres ist kompakt und mit starken Muskeln ausgestattet. Die Beine sind verhältnismäßig kurz. Die Tuxer Rinder sind eine genügsame Rasse, daher sind sie beliebte Tiere für die Tiroler Alpenalmen.

TUXER RIND mit SCHUPFNUDELN

Zutaten für 4 Personen

Schnitzel
8 Beiried oder Rostbratenstücke vom Tuxer Rind à 80 g
250 ml Kalbsfond oder gute Suppe
Salz & Pfeffer
1 Prise geriebene Muskatnuss
Olivenöl

Schupfnudeln
1 kg passierte warme Kartoffeln
400 g doppelgriffiges Mehl
4 Eigelbe
Salz

ZUBEREITUNG

Für die Schupfnudeln die warmen Kartoffeln passieren und mit den restlichen Zutaten vermengen, zu einem glatten Teig verkneten, mit Klarsichtfolie abdecken und ca. 20 Min. rasten lassen. Inzwischen die Schnitzel etwas dünner klopfen. Mit Salz, Pfeffer und Muskatnuss würzen. Öl erhitzen und die Schnitzel auf beiden Seiten leicht anbraten. Fond langsam zugießen und einkochen lassen. Schnitzel aus der Pfanne nehmen und warm stellen. Sauce durch kräftiges Rühren glatt machen. Nun den Schupfnudelteig zu daumendicken Rollen formen und mit einer Teigkarte 2 cm lange Stücke abstechen. Arbeitsfläche einmehlen und mit der gewölbten Hand so abnudeln, dass sie hinten und vorne spitz zulaufen. Auf eine gut bemehlte Fläche schupfen und in reichlich siedendes, gesalzenes Wasser einlegen. Schwimmen die Schupfnudeln an der Oberfläche, 1–2 Min. durchkochen und mit dem Schaumlöffel aus dem Wasser heben. Mit kaltem Wasser abschrecken. Mit etwas Öl vermischen, damit sie nicht aneinanderkleben und bereitstellen. In Butter schwenken und zu den Schnitzeln servieren.

TIPPS: Mehlige Kartoffeln verwenden! Aus ca 1,5 kg ungeschälten, rohen Knollen erhält man ca 500 g passierte Kartoffeln.

Zart & fein

DIE GRUBERTALER

Die Frechen

Wenn's läuft, dann läuft's – Florian, Michael und Reinhard Klingenschmid, drei junge Vollblutmusiker aus dem idyllischen Tiroler Volderberg ganz in der Nähe von Wattens, kann man ohne Übertreibung zu den gegenwärtig erfolgreichsten Bands der Szene zählen. Wahrhaft raketenartig klettern sie Stufe um Stufe auf ihrer bisher mehr als erfolgreichen Karriereleiter und mit ihrem aktuellen, brandneuen Album „Wenn, dann jetzt" zeigen sie erneut Brillanz und erstklassige Qualität. Die drei sympathischen Jungstars sind heute Garanten für Nonstop-Stimmungskonzerte der Extraklasse und füllen längst nicht mehr nur in Österreich die Hallen. Als Grubertaler sammeln die drei jungen Musiker Auszeichnungen am laufenden Band. Ihre unbekümmerte Jugendlichkeit und ihr freches Auftreten sind das Markenzeichen der drei Musikanten.

Gepfeffert sind nicht nur ihre stimmungsvollen Rhythmen, sondern auch ihr gemeinsames Lieblingsrezept: Beiried mit Pfeffersauce.

BEIRIED mit PFEFFERSAUCE

Zutaten für 4 Personen

4 Stück Beiried vom Biorind
Salz & Pfeffer
2 EL bunte Pfefferkörner
1 Zwiebel
1/8 l Portwein
20 g Butter für die Sauce
1/2 Flasche Cremefine
1/4 l Rinderfond

ZUBEREITUNG

Das Fleisch mit Pfeffer und Salz auf beiden Seiten würzen und dann in einer heißen Bratpfanne beidseitig etwa 3 Min. anbraten. Danach kommen die Stücke für 5 Min. in das vorgeheizte Backrohr. Zum Schluss die Beiriedschnitten in Alufolie packen und ein paar Min. ruhen lassen.

Für die Pfeffersauce die Zwiebel klein schneiden, die Pfefferkörner im Mörser grob zerstoßen. Butter in einer Bratpfanne schmelzen, die zerstoßenen Pfefferkörner zugeben und etwas rösten lassen, die Zwiebel dazugeben und alles bei mittlerer Temperatur köcheln lassen. Mit Portwein ablöschen, dann den Rinderfonds und Cremefine einrühren und mit Salz abschmecken. Die Pfeffersauce noch etwas einkochen lassen, notfalls mit ganz wenig Mehl binden.

Pfiffig

Inntal – die Heimat der GRUBERTALER

Die Grubertaler leiten ihren Namen vom Grubertal in der Gemeinde Volders ab. Eingebettet zwischen den Kalkalpen im Norden und den Zentralalpen im Süden steht in Volders Tirols schönster Rokokobau – die Klosterkirche zum heiligen Karl Borromäus, die zum ehemaligen Servitenkloster gehört. In diesem Abschnitt des Inntals ist die Nachbargemeinde Wattens mit ihrer 1559 dort errichteten Papiermühle – der ältesten in Nordtirol – einer der wichtigsten Arbeitgeber. Denn auch heute noch beherbergt das Gelände eine Papierfabrik. Hier werden Spezialpapiere für Zigaretten und Filter hergestellt, die weltweit vertrieben werden.

Einen weiteren weltweiten Bekanntheitsgrad konnte Wattens als Wiege der Unternehmensgruppe Swarovski erringen. Der Glasschleifer Daniel Swarovski aus Böhmen ließ sich 1895 auf der Suche nach Wasserkraft in Wattens nieder und gründete das Unternehmen für Kristallglas, das heute weltweit tätig ist und Tochterfirmen in Schwaz (Tyrolit Schleifmittel) und Absam (Swarovski Optik) hat. Seit 2001 funkelt am Ortseingang von Wattens unübersehbar die in magischen Farben schillernde Kristallsäule. Eine innovative Lichttechnologie ist das Herzstück dieses einzigartigen Blickfanges. Sie entfacht die Brillanz tausender Kristalle und verwandelt sie in atemberaubende Lichtspiele. Diese von Swarovski für die Weltmeisterschaft in St. Anton geschaffene Säule steht als Symbol für die Innovationskraft der Industrie der Marktgemeinde Wattens.

WISSENS INFO

KRISTALLWELTEN WATTENS

Seit der Eröffnung im Jahre 1995 wirken die Swarovski Kristallwelten wie ein Magnet auf alle Kristallbegeisterten und sinnlich aufgeschlossenen Menschen. Sie verzaubern jedes Jahr rund 600.000 Besucher. „Dieser Ort ist für die Menschen wie ein Wirklichkeit gewordenes Märchen. Sie erleben plötzlich, was sie nur aus ihren Träumen kannten", sagte André Heller, der Schöpfer der Kristallwelten, bei der Eröffnung, über sein Werk. Den Kopf des wasserspeienden Riesen kann man durchschreiten und in seiner magischen Höhle Traumlandschaften rund um die Materie Kristall erleben.

DIE HADERLUMPEN

Musiker mit Leib und Seele

Anfang April des Jahres 1987 trafen sich Peter Fankhauser und Vitus Amor das erste Mal in geselliger Runde, musizierten zusammen und beschlossen spontan, eine Musikgruppe zu gründen. Als sie sich dazu entschlossen, einen Bassisten als dritten Mann aufzunehmen, stieß Reinhard Fankhauser, Peters Cousin, zur Band, die nach nur wenigen Proben am 6. Juni 1987 ihren ersten Auftritt als die „Drei lustigen Zillertaler" absolvierte. Doch die drei Sechzehnjährigen dachten bald an einen Namenswechsel – die „Zillertaler Haderlumpen" waren geboren. Nun nahmen die drei an volkstümlichen Musikantenwettbewerben teil, bei denen die jungen „Lumpen" als Sieger nach Hause gehen konnten. Einen besonderen Höhepunkt in ihrer Karriere feierten die drei Jungs aus dem Zillertal im August 2005 in der Schweiz. Gemeinsam mit Nina Stern und ihren afrikanischen Freunden errangen die Zillertaler Haderlumpen in Zürich den dritten Platz im Grand Prix der Volksmusik. Und was 2005 so glanzvoll begann, wurde zwei Jahre später noch übertroffen: Zusammen mit dem oberösterreichischen Duo „Sigrid & Marina" holten sie 2007 mit dem Lied „Alles hat zwei Seiten" den Sieg nach Österreich im Grand Prix der Volksmusik. Frei nach dem Motto „Der Star ist das Publikum" sind die Jungs das geblieben, was sie immer waren – Musiker mit Leib und Seele.

Ihre natürliche Bescheidenheit beweisen die drei feschen Tiroler auch mit der Auswahl ihres Lieblingsrezeptes, zählt doch das Melchermuas zu den traditionell einfachen, aber sehr sättigenden und leckeren Speisen des Zillertals.

Zell am Ziller – die Heimat der HADERLUMPEN

Die Zillertaler Haderlumpen sind von Haus aus Frohnaturen, die ihr Publikum lieben, weshalb sie jedes Jahr zum bereits legendären Haderlumpen-Open-Air in ihre Heimatgemeinde Zell am Ziller einladen. Und über 10.000 begeisterte Besucher folgen dem Ruf ihrer Musikidole.

Zell liegt im hinteren Zillertal in einem Talkessel, an der rechten Seite des Ziller. Sie ist die flächenmäßig kleinste Gemeinde des Tals. Grundlage der Gemeinde legten Mönche im 8. Jahrhundert, die vom Gerlospass aus die Bewohner des Tals zum Christentum bekehrten und eine schlichte Mönchszelle errichteten. Im Jahr 1187 wurde für die zahlreichen Pilger und Reisenden das St.-Johannes-Spital erbaut, aus dem das Stiftungsaltersheim hervorging. 1188 wurde der Ortsname Zell als „Celles“ erstmals urkundlich erwähnt. im 16. Jahrhundert stieg durch Goldfunde am Hainzenberg die Bedeutung des Orts, sodass die Verwaltung des salzburgischen Gerichts im Zillertal 1592 nach Zell verlegt wurde. Nach dem Rückgang des Bergbaus im 19. Jahrhundert war Zell ein Ort von Viehmärkten, das Vieh wurde im Austausch von Wein über das Tuxer Joch und den Brennerpass nach Bozen getrieben.

WISSENS INFO

DAS GAUDERFEST IN ZELL AM ZILLER

Jährlich in den Tagen vor dem ersten Sonntag des Monats Mai findet in Zell am Ziller das Gauderfest statt, das zu den ältesten Volksfesten Tirols zählt. Der Name „Gauder“ leitet sich nicht aus dem Wort Gaudi ab, sondern von dem Gauder-Lehen der Brauerei, die im Jahr 1500 gegründet wurde und mit ihrem „Zillertal Bier“ die älteste Privatbrauerei Tirols ist. Dieser Platz blieb bis in die 1950er Jahre der Austragungsort, heutzutage findet das Fest im Dorfzentrum statt. Im Mittelpunkt steht der Ausschank des Gauderbocks, eines extra für das Fest gebrauten Bockbiers. Weitere Attraktionen sind ein Festumzug mit Festwägen, Musikkapellen und Trachtengruppen sowie das Ranggeln, eine Form des Ringens.
Tierkämpfe wurden nach Protesten von Tierschützern aus dem Programm genommen und durch Baumstammwerfen, Bierkistenkraxeln, Bierfassrollen, Seilziehen, Heusackwerfen und Baumscheibenschneiden ersetzt.

MELCHERMUAS

Zutaten für 4 Personen

150–200 g Butter
250 g Mehl
750 ml Milch
1 Prise Salz
Preiselbeerkompott

ZUBEREITUNG

Den größten Teil der Butter in der Eisenpfanne schmelzen. Anschließend mit Mehl binden. Durch Zugabe der Milch und des Salzes wird ein Vorkoch gemacht. Den restlichen Teil der Butter in der Pfanne schmelzen lassen und das Vorkoch dünn darin eindrücken. Nun noch von beiden Seiten knusprig backen. Das Melchermuas wird traditionell mit Zucker oder Preiselbeeren serviert und wird immer aus der Pfanne gegessen!

TIPP: Wichtig: Es gelingt ganz besonders gut in einer Eisen- oder Muaspfanne!

Traditionell gut

ALPENTRIO TIROL

Die Veteranen

Nach fast 30 Jahren an der Spitze der volkstümlichen Musik verabschiedet sich das Alpentrio Tirol im Herbst 2011 mit einer ausgedehnten Tournee von seinen treuen Fans. Georg Astenwald, Christoph Purtscheller und Mario Wolf haben alles erreicht, was man in der Szene erreichen kann und werden in der Branche für immer Legenden bleiben. Viele schöne Momente gab es in der Zeit ihres Bestehens – sei es unterwegs bei verschiedenen Musik-Kreuzfahrten, bei unzähligen Konzerten oder beim Sieg des Grand Prix der Volksmusik.

Davon konnten sich auch die zig-tausenden Besucher des legendären Servus-Freunde-Fests überzeugen, das seit 17 Jahren in Tirol stattfindet: Georg, Mario und Christoph sind Musiker zum Anfassen, Menschen wie du und ich, denen der persönliche Kontakt mit den Fans das Wichtigste ist. Nur so können die Konzerte und Auftritte das werden, was sie so besonders macht, nämlich Feste der Lebensfreude, die alle verbindet.

Uns haben sie ein typisches Knödel-Rezept aus ihrer Heimat Tirol mitgebracht, das man sowohl als Hauptspeise mit Salat oder Kraut als Beilage als auch in der klaren Suppe essen kann.

ORIGINAL SPECKKNÖDEL

Zutaten für 4 Personen

250 g altes Weißbrot oder Semmeln
150 g Südtiroler Speck
2 Eier
250 ml Milch
1 EL feingehackte Zwiebel
1 EL Butter
2 EL gehackte Petersilie
30 g Mehl
1 EL feingeschnittener Schnittlauch

ZUBEREITUNG

Das Brot zu 5 mm große Würfel schneiden. Speck in 2–3 mm große Würfel schneiden, da bei zu großen Würfelstücken der Knödel leicht zerfällt.
Die Zwiebel in der Butter samt Speck anbraten und mit dem Brot vermengen.
Die Eier mit der Milch verrühren, Petersilie und Schnittlauch beimengen.
Nicht zu viel Salz und Pfeffer beigeben, da bereits der Speck sehr würzig ist.
Alles gut vermischen und eine Viertelstunde ruhen lassen. Mehl unter die Masse mischen, die dafür erforderliche Menge hängt von der Festigkeit des Brotes ab; meistens sind ein, zwei Löffel genug. Das Mehl kann verringert oder ganz weggelassen werden, vor allem, wenn warme Milch verwendet wird. Mit der Hand Knödel von 5–6 cm Durchmesser formen. In den zwei letzten Phasen soll die Masse mit Feingefühl verarbeitet werden, damit die Struktur des Brotes nicht ganz verloren geht. Die Knödel sollen weder zu trocken noch zu weich sein. Sollte die Masse zu weich sein, nicht Mehl, sondern Brotbrösel beigeben.
Die Knödel (auch jene, die in der Suppe serviert werden) in kochendem Salzwasser für 15 Min. köcheln lassen. Steigen die Knödel nach oben, sind sie fertig.
Nun mit einem Schaumlöffel aus dem Kochwasser heben, mit Schnittlauch bestreuen und sofort servieren.

Original & guat

Igls – der Geburtsort von GEORG ASTENWALD

Das Alpentrio Tirol wurde 1983 von Sänger und Bassist Georg Astenwald und seinen ersten beiden Partnern Herbert Pinter (Akkordeon) und Reinhard Steindl (Gitarre) gegründet. Der aus Igls stammende Georg machte seine erste Karriere bei den Wiltener Sängerknaben.

Igls, wo die Tenorkarriere Georg Astenwalds begann, liegt auf einer Mittelgebirgsterrasse in 870 Metern südlich vom Innsbrucker Zentrum. Der Name stammt entweder aus dem 11. Jahrhundert von Vogt Eigilis aus dem Kloster Tegernsee, das in Igls Besitzungen hatte, oder aus dem 8. Jahrhundert vom heiligen Aegidius, Abt von Saint-Gilles in der Provence, genannt „Gilles". Als weiterer möglicher Ursprung des Namens wird auch „ecclesia" (lateinisch für Kirche) diskutiert, da sich im nahe gelegenen Innsbruck die Römersiedlung Veldidena (heute Wilten) und im Süden die noch heute so genannte Römerstraße befindet. Die früher romanische Kirche ist seit 1286 aus einem Ablassbrief bekannt; im 15. Jahrhundert wurde sie im spätgotischen Stil umgebaut und 1479 geweiht. 1705 wurde sie erneut umgebaut und barockisiert. Im 19. Jahrhundert entwickelte sich das bäuerliche Dorf zu einer Sommerfrische für Innsbrucker, die dort ihre Villen errichteten. Heute ist Igls in Innsbruck eingemeindet.

International bekannt wurde Igls durch die Olympischen Winterspiele 1964 und 1976 mit der Kunsteis-, Bob- und Rodelbahn sowie der Olympia-Schiabfahrt vom Patscherkofel. Die Anlagen werden noch heute für internationale Sportbewerbe genutzt.

WISSENS INFO

SCHIANE GIAHN

In Igls kann man sich beim traditionellen „Schiane giahn" auf die Suche nach dem „Schianen" (dem Schönen) begeben . Wer da so „schian", also schön ist, das ist natürlich der Frühling, der bei diesem Tiroler Fasnachtsbrauch herbeigetanzt werden soll. Denn einem Tanz gleicht der Brauchtumszug der lieblichen und wilden Masken, die sich in einer überlieferten Schrittfolge und Choreografie bewegen. Brauchtumsgruppen aus allen Feriendörfern rund um Innsbruck nehmen an diesem uralten Ritual der Wintervertreibung teil. Der Höhepunkt ist aber der eindrucksvolle Faschings- und Brauchtumsumzug mit 600 Mitwirkenden. Nach dem Umzug gibt es zum Abschluss im beheizten Festzelt einen „Patschen Ball".

DIE JUNGEN ZILLERTALER

Die Party-Überflieger

Wer kann sie nicht mitsingen – die Hits der Jungen Zillertaler? Wie etwas „Droben aufm Berg“ oder das berühmte „Fliegerlied“? Egal ob Jung oder Alt, Schlagerfan oder nicht, an den Hits der „Juzis“, wie sie von ihren Fans genannt werden, kommt keiner einfach spurlos vorbei. Nicht umsonst greifen sie stets mit vollem musikalischem Elan die Single Charts an, in denen sie nicht selten gleich mit mehreren Hits vertreten sind. Die jungen Zillertaler kommen aus Strass im Zillertal. Bandmitglieder sind: Markus Unterladstätter (Gesang, Bass), Daniel Prantl (Gitarre, Gesang) und Michael Ringler (Akkordeon, Gesang) und ihre brandneue CD-Produktion heißt „Hoch hinaus mit der Maus“. Ihren größten Singlehit landeten die Juzis mit ihrer Version von „So a schöner Tag“ – eine Nummer, die zuvor für Donikkl ein Wiesn-Hit gewesen ist.

Sehr interessant auch der Stilwandel, den das Trio innerhalb seiner Karriere vollzogen hat: Von klassischer Volksmusik zu einem Mix aus Rock-, Pop- und Volksmusikelementen. Und die Juzi-Texte sind von humorvollen Alltagsgeschichten geprägt, was die Identifikation mit dem Vorgetragenen wohl um einiges steigert.

Wer die Burschen ein bisschen näher kennt, weiß, dass dabei der Spaß wieder nicht zu kurz kommen wird – und ganz in diesem Sinne haben sie sich ein nicht ganz alltägliches Rezept für unser Stadlpost-Kochbch ausgesucht: Geschmorte Fledermaus.

Strass im Zillertal – die Heimat der JUZIS

Strass liegt am Fuß der nahezu senkrecht abfallenden Felsenflucht des 628 m hohen Brettfall, des nördlichen Pfeilers des Larchkopfs (1367 m), am Eingang des Zillertals. Das Dorf entstand auf den Aufschüttungen von Inn und Ziller. Der Großteil der Gemeindefläche, darunter der Ortsteil Rotholz, liegt im Inntal, der Rest gehört zum Zillertal.

Bereits in der Römerzeit soll eine Siedlung in Strass gegründet worden sein. Die Christianisierung erfolgte wahrscheinlich im 7. Jahrhundert durch irische Mönche, welche auch eine Kirche errichteten. Urkundlich erwähnt wurde Strass als „Straze" erstmals im Jahre 1120. Zu dieser Zeit gehörte die Gemeinde bereits zu Tirol und bildete einen Grenzort zum Erzbistum Salzburg im Zillertal und dem Herzogtum Bayern im östlichen Unterinntal. Zu diesem Zweck wurde auch eine Festung im 13. Jahrhundert errichtet, welche zuerst „Wartenberg" und später „Klauseck" genannt wurde. In den vielfachen Kriegen zwischen Tirol und Bayern war Strass im Zillertal immer direkt betroffen. Neben dem Transit und der Landwirtschaft entwickelte sich wirtschaftlich im 15. Jahrhundert der Bergbau wie in den meisten Teilen Tirols. Am Weißen Schrofen wurden Silber und Kupfer abgebaut, was bis heute Halden und Stollenmundlöcher belegen. In Strass befand sich auch das Getreidedepot, der „Kornkasten", der Bergverwaltung. 1671 stifteten Knappen die Wallfahrtskirche Mariae Heimsuchung am Brettfall. Daneben wurde eine Einsiedelei errichtet, in welcher während der Wirren von 1809 der Kupferstecher Franz Margreiter das Leben eines Eremiten führte. Im Mai 1809 während des Tiroler Freiheitskampfes wurde Strass wieder zum Kampfgebiet: So wurden am Brettfall und an der Zillerbrücke Kämpfe ausgetragen, worauf die Bayern das Dorf beinahe nieder brannten. Nur durch den Einsatz des Kuraten Siard Haaser konnte der Ort gerettet werden, und nur ein Haus wurde Opfer der Flammen.

WISSENS INFO

VON DER LUST ZUR LEHRE

Ferdinand II. ließ in den Jahren 1575-85 in Rotholz das Lustschloss Thurneck von Albert Luchesse errichten, wofür auch ein Tiergarten am Buchberg angelegt wurde. Einer der berühmtesten Besucher des Schlosses war der italienische Barock-Komponist Orlando di Lasso. Aufgrund des Verfalls der Rottenburg wurde im Jahre 1594 der Gerichtssitz von dort nach Thurneck verlegt. Heute wird das Schloss Thurneck als landwirtschaftliche Lehranstalt genutzt, welche sich dort seit 1879 befindet.

GESCHMORTE FLEDERMAUS

Zutaten für 4 Personen

700 g Fledermaus
60 g Butterschmalz
schwarzer Pfeffer aus der Mühle
Salz
200 g Zwiebeln
120 g Karotten (Möhren)
120 g Knollensellerie
6 Knoblauchzehen
2 TL Tomatenmark
400 ml Rotwein
100 ml Sherry
700 ml Rinderbrühe
2 TL getrockneter Thymian
4 Rosmarinzweige

Was ist die Fledermaus?
Muskelfleisch im oberen Teil der Rinderkeule. Es ist im Gegensatz zum restlichen Keulenfleisch marmoriert und mit Fettadern durchzogen. Die Fledermaus wiegt zwischen 300–400 g.

ZUBEREITUNG

Fleisch in Butterschmalz anbraten, aus dem Topf nehmen und mit Salz und Pfeffer würzen. Das kleingeschnittene Gemüse ebenfalls anbraten. Sobald das Gemüse Farbe angenommen hat, das Tomatenmark beigeben, ziehen lassen und die Rinderbrühe angießen. Die Gewürze und Kräuter hinzufügen und zugedeckt, leicht schmurgelnd, ca. 2 Stunden weich schmoren lassen. Die Konsistenz reduzieren lassen und abschmecken. Vom Herd nehmen und mit kalter Butter montieren. Das Fleisch mit der Sauce servieren.

Als Beilagen passen Nudeln oder Kartoffelknödel und karamellisierte Karotten (Möhren).

Gediegen

ROSI SCHIPFLINGER

Die singende Wirtin

„Kitzbühel mein Augenstern, Juwel von Tirol, wer in deinen Bergen lebt, der fühlt sich wohl …"

Von rustikal bis raffiniert und von bäuerlich bis exklusiv, in Rosis Sonnbergstuben findet der Gast Kitzbühel, wie es sein soll: Geprägt von Tradition und Internationalität. Weitläufige Räumlichkeiten in schmucker und uriger Holzvertafelung lassen den Luxusstress anderer weltgewandter Schiorte gar nicht erst aufkommen. Hier finden sich Berühmtheiten ein, wenn sie in privater Bescheidenheit feiern möchten, und Einheimische, wenn sie sich in entspannter Öffentlichkeit treffen wollen. Am Abend bei romantischem Kerzenlicht oder untertags bei kräftigem Sonnenschein, zu dem die Steinadler der Gegend aufsteigen. Die Chefin des Hauses versteht es, nicht nur die Gastlichkeit und die kulinarischen Genüsse des Hauses auf höchstem Niveau zu halten, nein sie macht mittlerweile auch als Sängerin eine sehr gute Figur. Durch ihren Auftritt im Musikantenstadl wurde Rosi einem Millionenpublikum bekannt und wir stellen hier ihr wohl berühmtestes Gericht aus den Sonnbergstuben vor: Rosis Festtagsente.

ROSIS FESTTAGSENTE

Zutaten für 4 Personen

1 Ente (ca. 2 kg)
1 Zwiebel für die Fülle
1 in Scheiben geschnittene Zwiebel zum Braten
1 Apfel
1 gezupfter Majoranzweig
1 gezupfter Bohnenkrautzweig
1 Prise gemahlener Kümmel
300 ml Hühnerfond
50 ml Beerenauslese
Salz & Pfeffer aus der Mühle
Maisstärke nach Bedarf

ZUBEREITUNG

Küchenfertige Ente außen und innen gut salzen. Für die Fülle Zwiebel und Apfel in Würfel schneiden und mit Pfeffer, Kümmel sowie den Kräutern vermischen. Ente damit füllen und mit Holzspießchen gut verschließen. In eine Bratpfanne ca. 1 cm hoch Wasser eingießen und die Ente mit der Brust nach oben einlegen. In das vorgeheizte Backrohr schieben und bei 180 °C zunächst 30 Min. braten. Dann die Ente wiederholt übergießen und nach 10 Min. herausnehmen. Mit Alufolie bedecken und nun bei 90 °C noch 50 Min. im Rohr ziehen lassen. Ente tranchieren und unter der Grillschlange knusprig werden lassen. Das ausgebratene Fett abschöpfen und in einer Pfanne die klein gehackten Knochenreste gemeinsam mit der Fülle anrösten. Mit Beerenauslese und Fond ablöschen und auf die Hälfte einkochen lassen. Bratenrückstände gut aufkratzen und mit ca. 300 ml Wasser aufgießen und weitere 10 Min. köcheln lassen. Abseihen, Saft abschmecken und bei Bedarf mit etwas Maisstärke binden. Am besten passen Kartoffelknödel und Blaukraut zu dieser Delikatesse.

Kitzbühel – Heimat von ROSI SCHIPFLINGER

Die mondäne Alpenmetropole Kitzbühel liegt auf 760 Meter Seehöhe und ist verkehrsgünstig jeweils knapp eine Autostunde von den beiden Landeshauptstädten Innsbruck und Salzburg entfernt. Nicht viel weiter haben es auch die Münchener, daher wird nicht umsonst Kitzbühel auch gerne der „Vorgarten“ Münchens genannt.

Die vielfach verwendete Koseform „Kitz“ hat übrigens nichts mit Reh- oder Gamskitzen zu tun. Vielmehr war Chizzo der Name einer bairischen Sippe, die sich hier vor langer Zeit auf einem Hügel (süddeutsch: Bühel) niedergelassen hat. Jedenfalls findet sich die erste Erwähnung Kitzbühels in einer Chiemseer Urkunde des 12. Jahrhunderts, in der von einem „Marquard von Chizbuhel“ die Rede ist.
Kitzbühel, das bereits seit 1271 Stadtrecht besitzt, kann mit einer statistischen Besonderheit aufwarten. Zu den ca. 8500 „Einheimischen“ kommen auch noch etwa 4600 Einwohner mit weiterem Wohnsitz hinzu. In anderen Tiroler Städten beträgt der Anteil der Zweitwohnsitzinhaber allenfalls ein Viertel. Aber Kitzbühel bietet mit seiner beeindruckenden Bergwelt eine hohe Lebensqualität und wird deswegen von Einheimischen, Zugereisten und Urlaubern gleichermaßen geliebt und geschätzt.

KULINARIK INFO

ROSIS SONNBERGSTUBEN

Vor mehr als 40 Jahren aus kleinen Anfängen heraus entstanden: Rosis Sonnbergstuben. In bester Südlage auf 400 Metern über Kitzbühel gelegen, findet der Gast hier zu allen Jahreszeiten Tradition und internationales Flair auf besondere Weise vereint. Ob man tagsüber von der weitläufigen Südterrasse aus den freien Blick auf schneebedeckte Dreitausender genießt oder es sich abends bei romantischem Kerzenlicht in einer der teils aus 200 Jahre alten Holzbalken gezimmerten Gaststuben gut gehen lässt: auf „Rosis Sonnbergstuben“ gehört der Alltagsstress ganz schnell der Vergangenheit an. Hier finden sich bekannte und weniger bekannte Persönlichkeiten ein, um sich mit Freunden zu treffen oder im trauten Familienkreis zu feiern. Bei jeder Gelegenheit und für jeden Anlass verwöhnt die exzellente Küche die Gäste mit überwiegend nach Tiroler Art zubereiteten Gerichten.

HANSI HINTERSEER

Der Superstar

„Ich habe das Glück, meine Liebe zur Natur und zu unseren Bergen denMenschen mit Musik nahe bringen zu dürfen", sagt Hansi Hinterseer über seinen Beruf und seine Berufung. Wenn der blonde Schlagerstar auf seine Lieblingsspeisen angesprochen wird, dann kommt als Antwort wie aus der Pistole geschossen: „Wiener Schnitzel oder die Pasta meiner Frau Romana." Wenn es aber darum geht, ihn in die Küche an den Herd zu bitten, um eine seiner Leibspeisen zuzubereiten, dann winkt er charmant, aber bestimmt ab. „Nein, beim Kochen bin ich wirklich kein Talent, das können die anderen sicher besser als ich!" Wunschlos glücklich ist Hansi Hinterseer bei sich daheim in den Kitzbüheler Bergen. Man sieht ihn öfters gleich nach seinem morgendlichen Berglauf auf der Hütte in Ruhe frühstücken. Das hier vorgestellte Rezept gehört zu den Frühstück-Standards, die sich der sportliche Star mit seiner tadellosen Figur auch leisten kann.

Kitzbühel und seine Berge – „Tatort" von HANSI H.

Eingebettet zwischen den beiden Hausbergen Kitzbüheler Horn und Hahnenkamm, im Norden umrahmt vom Wilden Kaiser und zum Süden hin mit dem Blick auf Großglockner und Großvenediger, hat Kitzbühels Lage ihren ganz speziellen Reiz.

Noch heute bietet die Stadt selbst, die zu allen Zeiten vor Kriegszerstörung verschont blieb, mit ihren breit gebauten, bunt bemalten Häusern und reich ausgestatteten Kirchen einen wohlhabenden und malerischen Anblick.

Hotels, Pensionen, Appartementhäuser, Privatunterkünfte, Gasthöfe und die Gastronomie in und um Kitzbühel verwöhnen seit jeher die Gäste mit Komfort und Gaumenfreuden. Die Landschaft tut dies in gleicher Weise, denn beim Anblick saftig grüner Wiesen, kristallklarer Bäche und Seen, tiefgrüner Wälder und vielleicht noch eines azurblauen Himmels stellen sich schnell Zufriedenheit und innere Ruhe ein.

Unter den Schifahrern hat Kitzbühel einen ganz besonderen Status: der daher rührt, dass die Berge der Umgebung bis obenhin Wiesenbewuchs aufweisen. So genügt schon eine dünne Schneedecke, um dort Schifahren zu können. Durch mehrere Speicherseen ist eine künstliche Beschneiung durch Schneekanonen – sollte einmal nicht genug Schnee vom Himmel fallen – jederzeit möglich und somit das Schivergnügen garantiert.

Jedes Jahr wieder wird das berühmte Hahnenkammrennen zu einer Herausforderung der Weltelite auf Schiern. Selbst die geübtesten Rennfahrer haben Respekt vor der Abfahrt, die steil vom Start ins Ziel führt und die so manchen Schifahrer schon böse abgeworfen hat wie ein wildgewordenes Rodeopferd seinen Reiter.

WISSENS INFO

HANSI, DER SCHIFAHRER

Hansi Hinterseer kam schon sehr früh zum Schisport, auch weil er im Winter den Schulweg von der Seidlalm, wo er aufwuchs, hinunter nach Kitzbühel oftmals auf Schiern bewältigen musste. Sein Vater Ernst, Slalom-Olympiasieger 1960, förderte die sportliche Karriere seines Sohnes von Beginn an und betreute ihn im Kitzbüheler Schi Club. Hansis jüngere Brüder Ernst jun. und Guido wurden ebenfalls Schirennläufer. Hansi wurde 1969 in das Nationalteam des ÖSV aufgenommen. Am 8. März 1973 feierte der 19-Jährige im Riesenslalom von Anchorage seinen ersten Sieg und am 27. Jänner stand er in seinem Heimatort Kitzbühel erstmals im Slalom ganz oben auf dem Siegerpodest. Insgesamt feierte Hansi Hinterseer sechs Weltcupsiege und beendete seine Karriere im Rennsport 1983 als 24-Jähriger.

TIROLER HÜTTENEIERSPEISE

Zutaten für 4 Personen

6 frische Eier von Hühnern aus Bio-Freilandhaltung
150 g feingeschnittener Tiroler-Speck
1 Bund Jungzwiebeln
Salz & Pfeffer
1 EL Butter oder Schmalz zum Herausbraten

ZUBEREITUNG

Den Tiroler-Speck mit der Hälfte des Fetts kross anbraten, dann die zweite Hälfte Fett dazugeben und die in feine Ringe geschnittenen Jungzwiebeln darin anschwitzen. Anschließend die Eier, je nach Geschmack entweder im Ganzen oder verquirlt darüber gießen und stocken lassen. Salzen, pfeffern und nach Belieben mit frischen Kräutern dekorieren.

PETRA FREY

Die Frohnatur

Man kann es kaum glauben, wenn man sich diese junge, schöne Frau ansieht – aber sie hat bereits 20 Jahre Karriere im Musikbusiness hinter sich. Lachen, Lebensfreude und akribische Leidenschaft für die Musik – so könnte man Petra im Telegrammstil beschreiben.

Wir haben es bei Petra Frey mit einer ausgesprochen ausgeglichenen Krebs-Frau (Aszendent Waage) zu tun. Und die steht mit beiden Beinen fest im Leben. Seit ihrem fulminanten Grand-Prix-Einstand für Österreich im Jahr 1994 mit dem Titel „Für den Frieden der Welt", mit dem sie in Deutschland auch Siegerin der ZDF-Hitparade wurde, ist die dunkelhaarige Schönheit über die Grenzen Österreichs hinaus bekannt. Mittlerweile hat sie zwölf Alben veröffentlicht: Von den volkstümlichen und traditionellen Elementen, die man als Tirolerin in die Wiege gelegt bekommt, über moderne Pop-Sounds bis hin zu lateinamerikanischen Einflüssen hat sie dem deutschen Schlager immer wieder neue Gesichter gegeben und ist sich selbst dennoch treu geblieben.

GEBRATENES LACHSFILET mit MANGOLD

Zutaten für 4 Personen

Lachs
1 kg Lachsfilets
6 EL glatter Dijon Senf (ohne Körner)
2 Prisen Muskatnuss
2 EL getrocknete Dille oder
1 Bd. frische, fein geschnittene Dille

Mangold
3 Mangold-Stauden
5 Knoblauchzehen
1 Peperoncino oder
1 rote Chilischote
Olivenöl
Salz & Pfeffer
1 Zwiebel nach Belieben
Parmesan nach Belieben

ZUBEREITUNG

LACHS: Zuerst den Ofen auf 250 °C vorheizen und ein Backblech zum Vorwärmen in den Ofen stellen. In der Zwischenzeit ein Stück Alufolie mit Olivenöl bestreichen, das Lachsfilet mit Haut nach unten darauf legen, mit dem Senf dick einstreichen, dann die Dille und die Muskatnuss gleichmäßig darauf verteilen. Frische Dille erst ca. 5 Min. vor Bratzeitende auf den Fisch legen. Nun den Fisch vorsichtig auf das heiße Backblech legen und für ungefähr 10–15 Min. braten. Nicht zu lange braten (man kann mit einem Messer einstechen, um zu sehen, ob der Fisch gar ist). Das Filet wird außen schön knusprig und bleibt innen herrlich saftig.

MANGOLD: Den unteren Teil der Mangold-Stauden abschneiden. Mangold gründlich waschen, den weißen Strunk am Ansatz der grünen Blätter abschneiden und in Stücke von ca. 1 cm Breite schneiden. Die Blätter ebenfalls sehr grob schneiden. In kochendem Salzwasser erst die weißen Strunkstücke ca. 3 Min. kochen, dann die grünen Blätter dazu geben und weitere 3 Min. garen. Mangold abgießen und sehr kalt abspülen. Mit Kreppapier trocken tupfen.

In einer Pfanne Olivenöl, in feine Scheiben geschnittenen Knoblauch und Peperoncino erwärmen und anschließend den Mangold kräftig 3 Min. anbraten, mit Salz und Pfeffer gut würzen. Vom Herd nehmen und lauwarm werden lassen.

Vor dem Servieren großzügig Olivenöl dazugeben. Wer will, kann auch eine gebratene, grob geschnittene Zwiebel unterrühren und mit geriebenem Parmesan bestreuen. Das Lachsfilet auf dem Mangold anrichten und servieren.

Zart & gesund

Innsbruck – die Heimat von PETRA FREY

Bereits mit 15 Jahren nahm Petra Frey (mit bürgerlichem Namen Kauch) ihre erste CD auf. Da war sie noch in der Ausbildung zur Hotelkauffrau in Innsbruck, ihrem Geburtsort.

Innsbruck, die Landeshauptstadt Tirols, ist nach Wien, Graz, Linz und Salzburg die fünftgrößte Stadt Österreichs, die bereits in früher vorrömischer Zeit ein wichtiger Verkehrsknotenpunkt war. Im Zug der Grenzsicherung im Norden und der Eroberung der Räter und Noriker legten die Römer unter Kaiser Augustus zum Schutz der Reichsstraße Verona – Brenner – Augsburg um 15 v. Chr. die Militärstation Veldidena (Wilten) an, die um 600 während der Völkerwanderung zerstört wurde. Nach dem Zerfall des römischen Reichs kam das Gebiet zunächst unter baierische Hoheit, bevor es ab 788 mit der Einverleibung des baierischen Herzogtums im fränkischen Reich Karls des Großen aufging. In den folgenden Jahrhunderten wurde das Gebiet um Innsbruck wieder ein Teil des neugegründeten Herzogtums Bayern und in späterer Folge unter die Herrschaft der Grafen von Andechs. Zwischen 1187 und 1205 erhielt der Markt schließlich das Stadtrecht, das Einfluss und Reichtum durch Zolleinnahmen brachte, da der gesamte ostalpine Handelsverkehr nach Italien über den Brenner von nun an seinen Weg durch Innsbruck und über die Innbrücke nahm. 1239 wurde das bestehende Stadtrecht bestätigt und erweitert. Während der Regierung Maximilians I., der mit seinem Hof oft in der Stadt weilte, stieg Innsbruck zu einem politischen und künstlerischen Zentrum des Reiches auf. Davon zeugen neben dem um etwa 1500 erbauten Zeughaus, das zur damaligen Zeit eines der bedeutendsten Waffenlager Europas darstellte, auch das Goldene Dachl sowie die heute noch erhaltenen, gotischen Grundmauern der Hofburg.

KULINARIK INFO

INNSBRUCK – DIE OLYMPIASTADT

Innsbruck war zweimal Austragungsort der Olympischen Winterspiele (Olympische Winterspiele 1964 und Olympische Winterspiele 1976) sowie der Winter-Paralympics (1984 und 1988). Innsbruck war damit die einzige Stadt, in der innerhalb von zwölf Jahren zweimal Olympische Spiele stattfanden. 2008 war Innsbruck ein Austragungsort der Fußball-Europameisterschaft, die von Österreich und der Schweiz gemeinsam ausgerichtet wurde, und alleiniger Gastgeber der Eishockey-WM (Division I). 2010 fand in Innsbruck die Handball Europameisterschaft statt. Und 2012 werden in der Tiroler Landeshauptstadt die ersten Olympischen Jugend-Winterspiele stattfinden.

SEMINO ROSSI

Die Schmeichelstimme

Semino Rossi wurde 1962 in Rosario in Argentinien geboren. 1985 reiste er ohne Rückflugticket nach Spanien – mit dem festen Ziel, in Europa sein Glück als Musiker zu versuchen. Er gelangte über Italien, Frankreich, die Schweiz schließlich nach Österreich, wo er 1986 in einem Hotel ein Engagement für die Wintersaison als Musiker bekam. Die ersten Jahre verbrachte er die Winter in Österreich, die Sommer nach wie vor in Spanien mit wechselnden Engagements. Der Erfolg Semino Rossis kam wahrlich nicht über Nacht. Semino lebte mittlerweile schon seit 16 Jahren in Europa (Spanien, Italien, Österreich). Eigentlich ein Wunder, dass er es schaffte, so lange Zeit unentdeckt zu bleiben! Doch erst als er auf einer privaten Feier im Frühjahr 2001 einen Geschäftsführer der Koch-Firmengruppe beeindruckte, gelangten seine Demo-Songs zu Koch Universal Music, wo er im Herbst 2001 seinen ersten richtigen Plattenvertrag unterschrieb. Nach gut zwei Jahren harter Arbeit lag endlich Rossis erstes deutschsprachiges Album vor: „Alles aus Liebe". Der Rest ist Schlagergeschichte. Semino zählt zu den Top 3 der Szene. Seine Konzerttouren sind ebenso restlos ausverkauft, wie seine Alben regelmäßig mit Edelmetall bedacht werden. Keine große TV-Show kommt ohne ihn aus. Seine sanfte Schmeichelstimme eroberte den deutschsprachigen Raum wie ein argentinischer Wirbelwind.

Das ausgesuchte Rezept hat seine Wurzeln in Spanien, wo Semino ja auch viele Jahre lebte. Eine köstliche Paella, die man auch mit Hühnerfleisch oder nur mit Gemüse zubereiten kann, wenn man es nicht so mit den Meeresfrüchten hat.

Mils – die Wahlheimat SEMINO ROSSIS

Am Paraná in Argentinien liegt Rosario, die drittgrößte Stadt des Landes, und dort wurde Semino Rossi 1962 geboren. In den 1980er-Jahren übersiedelte er nach Europa, blieb schließlich im schönen Österreich und machte dort Karriere. Heute ist er einer der beliebtesten Volkssänger im deutschsprachigen Raum. Seinen Wohnsitz hat er in der Gemeinde Mils in Tirol genommen, das nur ein paar Kilometer von der Landeshauptstadt Innsbruck entfernt liegt und in den letzten 40 Jahren durch seine sonnige Lage zum beliebten Wohngebiet gewachsen ist.

Der Ort liegt im Zentrum der alten Grafschaft Unterinntal am Fuß des Karwendelgebirges. Der alte Dorfkern, der in seiner V-Form die Pfarrkirche umschließt, weist noch alte Bausubstanz auf. Große Obstanger, einst Teil der Existenzgrundlage und des Nebenerwerbs, sorgten für einen gewissen Wohlstand. Neben der Kirche aus der Wende zum 19. Jahrhundert steht mit der St. Annenkirche, die heute als Aufbahrungskapelle dient, ein schlichter spätgotischer Bau aus dem Jahr 1510. Der Kirchplatz teilt Unterdorf und Oberdorf. Das Gebiet westlich davon, genannt das „Aichat", erinnert an den reichen Eichenbestand. In diesem Gebiet stehen die so genannten Söllhäuser der einstigen Salzberger. An der Verbindungsstraße nach Norden erhebt sich das Schloss Schneeburg, Ansitz der Freiherren von Schneeburg zu Saltaus, deren Linie ausgestorben ist. Im anschließenden oberen Aichat sind noch alte Bauernhäuser anzutreffen. Die einst zum Schloss Hirschenlust (auch „Grienegg" genannt) gehörenden Wirtschaftsgebäude wie Mühle, Grünegger, Pfister und Rädermacher bilden den Abschluss des alten Dorfes nach Norden.

WISSENS INFO

DAS KARWENDEL

Das Karwendelgebirge mit dem Alpenpark Karwendel zwischen Inn und Isar, Achensee und Seefelder Senke, stellt ein Schutzgebiet mit vielen Besonderheiten dar, hat es doch eine in Europa einzigartige alpine Urlandschaft wie beispielsweise den Kleinen und Großen Ahornboden, das Tortal, mit den höchsten Wandfluchten im Alpenpark Karwendel und auch einen „Grand Canyon", das Vomperloch. Mit mehr als 920 Quadratkilometer Gesamtfläche ist der Karwendel eines der größten Schutzgebiete der Ostalpen, wenn man den Tiroler Anteil am Karwendel mit 730 Quadratkilometern zusammenrechnet mit dem angrenzenden Naturschutzgebiet Karwendel und Karwendelvorgebirge, das mit seinen 190 Quadratkilometern auf der bayrischen Seite liegt.

PAELLA MALAGUENA à la SEMINO

Zutaten für 6 Personen

20 Knoblauchzehen
4 EL Olivenöl
1 Bund glatte Petersilie
2 rote Paprikaschoten
750 ml passierte Tomaten
500 g gemischte Meeresfrüchte (Tintenfische, Calamari)
10 große Miesmuscheln
6 große oder 12 kleine Garnelen
große und kleine Kronenhummer – nach Belieben
300 g Langkornreis
Salz & Pfeffer
Safranpulver oder Safranfäden
1 TL edelsüßes Paprikapulver
Zitronenscheiben zum Garnieren

ZUBEREITUNG

Zunächst das Olivenöl warm werden lassen und den geschälten Knoblauch mit der Knoblauchpresse hineindrücken. Petersilie fein hacken, mit dem Knoblauch vermischen und kurz andünsten. Kleingeschnittene rote Paprikaschoten zusammen mit den gewaschenen Meeresfrüchten dazugeben und mit den passierten Tomaten aufgießen. Alles leicht köcheln lassen, dann salzen, pfeffern und den Safran beimengen. Gut vermischen und mindestens eine Stunde auf kleiner Flamme kochen. In kochendem, gesalzenem Wasser Meeresfrüchte, Miesmuscheln, große und kleine Garnelen sowie die Kronenhummer kurz aufkochen lassen, anschließend gleich herausnehmen. Mit diesem Wassersud wird später der Reis aufgegossen. Zur roten Fischsauce nun den Reis dazugeben, und nach und nach mit dem Wassersud so lange aufgießen, bis dieser fertig gekocht ist. Anschließend alles zugedeckt 10 Min. stehen lassen und mit Zitronenscheiben garniert servieren.

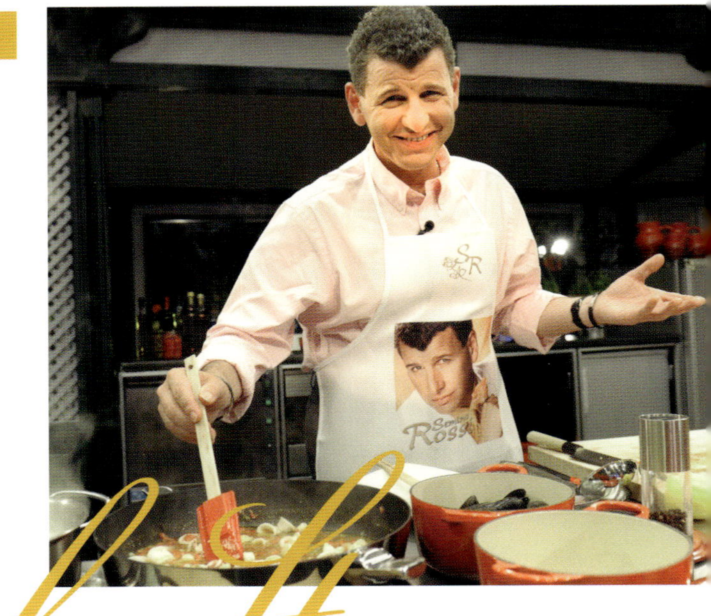

Herzhaft

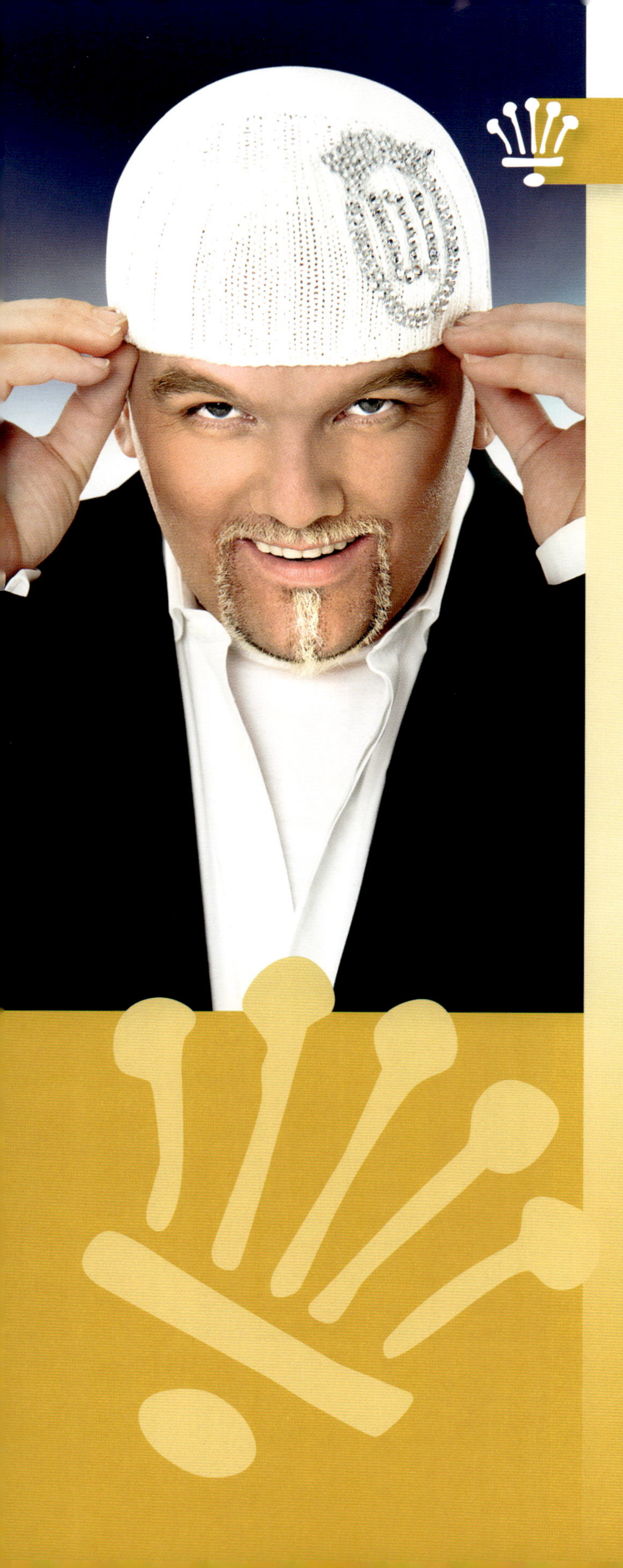

DJ ÖTZI

Der Pofi

Er ist der österreichsche Künstler, der es aus dem volkstümlichen Schlagerbereich auch international ganz nach oben geschafft hat: DJ Ötzi, eigentlich Gerry Friedle. Seine Hits wie „Anton aus Tirol", „Hey Baby" oder „Einen Stern" kennt und liebt man weit über die Landesgrenzen hinaus. Dabei kennt Gerry auch die Schattenseiten des Lebens, hat er doch vor seinem großen musikalischen Durchbruch teilweise obdach- und arbeitslos nur durch die Zuwendungen seiner Oma überleben können. All diese Erfahrungen haben Gerry geprägt, ihm wirklich Perspektiven gezeigt, die sein weiteres Schaffen stark beeinflusst haben.
Nach der Geburt seiner Tochter Lisa-Marie hat der Sänger ganz neue Werte in seinem Leben erkannt. Wegen ihr fällt es DJ Ötzi ab und zu auch schwer, seine Termine wahrzunehmen. Nichtsdestotrotz ist der Österreicher durch und durch Profi. „Ich glaube, das hat mich gefunden und ich darf das machen. Deswegen bleibe ich lieber eher am Boden und bleibe lieber Mensch, weil so kann ich glücklich sein", erklärte er bescheiden.

Da Gerry in seiner Jugend eine Kochlehre abgeschlossen hat, fiel ihm die Rezeptauswahl ziemlich schwer. „Es gibt so viele tolle Tiroler Spezialitäten, aber auch in meiner neuen Heimat Salzburg könnte ich viele tolle Sachen nachkochen", erklärt uns Gerry. Das Käsefondue hat er deshalb ausgesucht, weil es ihn an seinen letzten Auftritt im Musikantenstadl in Fribourg in der Schweiz erinnert.

KÄSEFONDUE

Zutaten für 4 Personen

380 g Gruyère mi-salé
140 g Raclette
140 g Freiburger Vacherin Classique
140 g Freiburger Vacherin Select
300 ml trockener Weißwein
(evtl. Fendant)
3 große, ganze Knoblauchzehen
1 kleine Schalotte
10 ml Kirschwasser
2 TL Maisstärke
1 EL geschlagene Sahne
800 g Brotwürfel
20 kleine Champignons
Pfeffer aus der Mühle
Muskatnuss

ZUBEREITUNG

Alle Käsesorten getrennt auf der Röstireibe reiben. Den Wein in die Fonduepfanne gießen. 1 Knoblauchzehe in den Wein pressen und die restlichen Knoblauchzehen ganz sowie die Schalotte im Ganzen beigeben. Gruyèrekäse und Gewürze hinzufügen und langsam aufkochen lassen. Wenn der Gruyère fast geschmolzen ist, die beiden unterschiedlich gereiften Vacherinsorten und den Raclettekäse beifügen. Unter Rühren langsam schmelzen lassen. Nicht kochen! Maisstärke in Kirschwasser auflösen und unterziehen. Zum Schluss mit Schlagsahne cremig verfeinern. Mit mundgerechten Brotstücken und angeschwitzten Champignons servieren.

TIPPS: Wenn das Fondue langsam schmilzt, kann es eigentlich nicht gerinnen oder klumpen. Falls die Masse zu dick ist, mit etwas Wein verdünnen. Im umgekehrten Fall das Fondue mit etwas Maisstärke/Kirschwasser andicken. Das Brot ist besser verdaulich, wenn es einen Tag alt ist. Helle und dunkle Brotsorten mischen. Sehr gut schmeckt auch Kümmelbrot.

Cremig fein

Salzburg – Wahlheimat von DJ Ötzi

Gerry Friedle, besser bekannt als DJ Ötzi, stammt aus dem Ötztal, wie schon der Künstlername nahelegt, hat aber jetzt seinen Wohnsitz im Süden der Stadt Salzburg genommen.

Salzburg, Hauptstadt des gleichnamigen österreichischen Bundeslandes, genießt durch seine Festspiele Weltruf und ist deswegen jedes Jahr im Sommer Treffpunkt tausender Opern- und Schauspielfreunde aus aller Welt. Im Mittelpunkt steht traditionell die Aufführung des „Jedermann" von Hugo von Hofmannsthal auf dem Platz vor dem Salzburger Dom, aber auch viele andere Inszenierungen sind es wert, eine der heiß begehrten Karten zu erwerben.
Außerhalb der Festspielzeit ist die Ende des 7. Jahrhunderts gegründete Stadt an der Salzach mit ihren vielen historischen Gebäuden ebenso touristisches Ziel wie die weithin sichtbare Festung Hohensalzburg, mit mehr als 7000 Quadratmetern bebauter Fläche eine der größten Burgen Europas ist. Als Sitz der Fürsterzbischöfe war Salzburg schon immer eine reiche Stadt, was sich allein schon an der bischöflichen Residenz Schloss Mirabell manifestiert.
Bekannteste Straße Salzburgs ist wohl die im Zentrum gelegene Getreidegasse, dort liegt neben vielen anderen historischen Wohnhäusern auch das Geburtshaus Wolfgang Amadeus Mozarts. Prägend für diese schon in der Römerzeit als Handelsweg vorhandene Straße sind die vielen sogenannten „Durchhäuser", deren öffentliche Passagen die Getreidegasse mit den benachbarten Straßen verbinden. So ergeben sich vielfältige Einblicke in pittoreske Innenhöfe, und die vielen, in den Durchgängen angesiedelten Ladengeschäfte bieten unzählige Einkaufsmöglichkeiten. Bei schönem Wetter führt dies allerdings zu einem ziemlichen Gedränge in der nur wenige Meter breiten Gasse.

KULINARIK INFO

SALZBURGER NOCKERLN

Viele Touristen, die Salzburg besuchen, nehmen die Gelegenheit wahr, um eine weltberühmte Süßspeise zu probieren, die nach der Stadt an der Salzach benannt worden ist: Salzburger Nockerln. Was sich wegen der verniedlichenden Endung für viele wie ein kleines Dessert anhört, entpuppt sich beim Servieren als wahres Gebirge aus Zucker und Eigelb sowie Eischnee, im Ofen gebacken und überwiegend heiße Luft enthaltend. Traditionell enthält die feuerfeste Form drei Nockerln, die mit ihren Spitzen die drei Salzburger Hausberge, den Mönchsberg, den Kapuzinerberg und den Gaisberg versinnbildlichen. Respekt hat sich verdient, wer alle drei Berge schafft.

DIE SEER

Die Lebendigen

Die SEER sind eine der stärksten Livebands des Landes. Ihre Erfolge in den Hitparaden, ihre Präsenz in den Medien sind nur ein Gradmesser dafür, dass Text, Musik und musikalische Darbietung schon auf CD bewiesen haben, dass das „Seerische" mehr als bloße Unterhaltung ist. Es ist eine Lebenseinstellung, die in Noten, Wörtern und Arrangements gepackt und auf die Reise zu den Ohren der Zuhörer geschickt wurde. Mit Erfolg. Ihre großen Hits wie „Wildes Wasser", „Junischnee", „Über'n Berg", „Aufwind", „1 Tag" verkauften sich wie die warmen Semmeln. Das kommt nicht von ungefähr, sondern hatte Zeit zu wachsen. Kein Retortenbaby, sondern über die Jahre zu dem geworden, was es ist. Das ist vor allem auch bei den Konzerten spürbar. Legendär das große Seer-Open-Air in deren Heimat am Grundlsee. Ein Konzert der Band ist wie ein großes Treffen von Freunden, und die kommen in Scharen. Man muss es selbst sehen und hören, dann weiß man auch, was „Seerisch" ist.

Da die Küche des Salzkammerguts an deftigen Köstlichkeiten kaum zu überbieten ist, haben die superschlanke Dancing-Queen 2011 Astrid Wirtenberger, ihre Seer-Gesangskollegin Sabine und Fred Jaklitsch einen kulinarischen Kontrapunkt aus der asiatischen Küche ausgewählt.

„Gerade im Sommer, wenn wir viel unterwegs sind, proben, auftreten, viel zu viel ungesundes Junk-Food in uns reinstopfen, dann versuchen wir, wenigstens einmal am Tag, etwas Leichtes, Gesundes zu essen", so der Seer-Chef Fred Jaklitsch. Gemüsewok mit Basmati-Reis ist ein herrlich leichtes, aber trotzdem bekömmliches Menü, das die Seer gerade im Sommer öfters essen.

Ausseerland – Land der SEER

Bandleader Fred Jaklitsch – er ist Texter, Komponist, Gitarrist und Sänger – hat seinen Lebensmittelpunkt in Bad Aussee, im Ausseerland, einer der schönsten Landschaften Österreichs.

Wenn sich im Frühjahr nach der Schneeschmelze auf den Wiesen die weißen Teppiche der Dichternarzissen um die Landschaft schmiegen, werden die Spaziergänge ein Erlebnis für alle Sinne, denn jeder Wanderweg wird vom Rauschen der Gebirgsbäche und vom Duft der Narzissen begleitet.

Im Sommer laden der Grundlsee, der Altausseersee und der Ödensee, um nur einige der herrlichen Ausseerland-Seen zu nennen, Sommerfrischler ein, sich an den Ufern zu entspannen. Der Toplitzsee, der seit dem Zweiten Weltkrieg Taucher aus allen Ländern der Welt bereits angezogen hat, nennt man auch: den Geheimnisträger. Bis heute gelang es noch niemandem, ihm sein Geheimnis zu entlocken.

In der Farbenpracht der herbstlichen Landschaft kann man viele traditionelle volksmusikalische Feste genießen. Der alljährlich Anfang September stattfindende dreitägige Altausseer Kirtag ist der bekannteste in der Gegend und wird sowohl von den Einheimischen als auch von den Gästen gern besucht.

Im schneereichen Winter trifft man auf den vielen prämierten Langlaufloipen genauso viele Sportbegeisterte, wie auf den Pisten aller Schwierigkeitsgrade auf dem Loser und auf der Tauplitz. Und die Bewohner des Ausseerlandes tragen die Tracht mit einer solchen Selbstverständlichkeit, dass die Gäste sehr schnell auf die Idee gekommen sind, sich auch dementsprechend einkleiden zu wollen. Einfach, um dazuzugehören.

WISSENS INFO

DAS NARZISSENFEST IN BAD AUSSEE

Im Ausseerland-Salzkammergut blüht die weiße sternblütige Narzisse, auch Dichternarzisse genannt, je nach Höhenlage von Mitte Mai bis Mitte Juni. Jedes Jahr um diese Zeit findet auch das Narzissenfest, das größte Blumenfest Österreichs statt, das Tradition mit Natur und Gastfreundschaft verbindet. Ein bunter Veranstaltungsreigen unterhält Gäste gleichermaßen wie Einheimische. Höhepunkt und Abschluss des Festes sind der Autokorso in Bad Aussee und der Bootskorso am Grundlsee. Viele duftende, fantasievolle, von Hand gesteckte Narzissen-Figuren kann man dabei bestaunen und jedes Jahr lockt es tausende Touristen in der Vorsaison in die Region.

GEMÜSEWOK mit BASMATI-REIS

Zutaten für 4 Personen

2 Karotten (Möhren)
6 Stangen Staudensellerie
1 Stange Lauch
250 g Broccoli
250 g Zuckerschoten
3 EL Kürbiskerne
2 TL Sonnenblumenöl
125 ml Gemüsebrühe

ZUBEREITUNG

Karotten putzen, waschen, schälen und in Scheiben schneiden. Staudensellerie putzen, waschen und in Scheiben schneiden. Lauch putzen, waschen und in Ringe schneiden. Broccoli putzen, waschen und in Röschen teilen. Zuckerschoten putzen und waschen. Kürbiskerne in einem Wok ohne Fett rösten und herausnehmen. Sonnenblumenöl im Wok heiß werden lassen und Karotten, Staudensellerie sowie Lauch ca. 3 Min. andünsten. Das restliche Gemüse zugeben und weitere 3 Min. dünsten. Gemüsebrühe zugießen und unter Rühren aufkochen lassen. Ca. 5 Min. kochen lassen. Mit Kürbiskernen garniert servieren.

TIPPS: Die Faustregel fürs Reiskochen: Für 2 Teile (Tassen etc.) Reis 3 Teile Wasser (gegebenenfalls Milch oder Brühe) nehmen. Reis mit kochendem Wasser übergießen, dann zudecken, auf hoher Hitze ca. 2 Min. kochen, auf mittlere Hitze reduzieren, weitere 7 Min. kochen, Hitze noch einmal reduzieren und 3–5 Min. kochen lassen. Von der Kochstelle nehmen und weitere 10 bis 15 Min. ziehen lassen. Auf diese Weise nimmt der Reis die gesamte Flüssigkeit auf, man muss nichts abgießen. Basmati Reis ist so aromatisch, dass man ihn nicht würzen muss.

Leicht

SIGRID & MARINA

Die Herzlichen

Begonnen hat alles im engsten Familienkreis im oberösterreichischen Salzkammergut – zusammen mit ihrer Oma, einer leidenschaftlichen Volksmusiksängerin, die den beiden Schwestern Sigrid und Marina noch vor dem Sprechen die ersten Lieder beigebracht hat.

Durch Fleiß und Herzenswärme und durch ihre vielen Fans und Freunde sowie ihr hervorragendes Team können die Endzwanzigerinnen auf unzählige große Live-, Tournee- und TV-Auftritte wie zum Beispiel in der Wiener Stadthalle, auf der Seebühne in Bregenz, im Hallenstadion Zürich und in den größten Hallen Deutschlands zurückblicken. In all den Jahren durften die beiden unzählige Hitparadensiege verbuchen und viele Auszeichnungen entgegennehmen. Nachdem Sigrid & Marina 2007 gemeinsam mit den Haderlumpen den Grand Prix der Volksmusik gewannen, ging es für die hübschen jungen Damen noch einen Schritt hinauf in die erste Liga der volkstümlichen Unterhaltung.

Ihr Lieblingsrezept ist ein typisch österreichischer Mehlspeisen-Klassiker, den Sigrid und Marina daheim auch immer wieder gern essen, was man sich bei den Modelmaßen der beiden Sängerinnen kaum vorstellen kann.

HAUSGEMACHTER APFELSTRUDEL

Zutaten für 4 Personen

Teig
250 g glattes Mehl
1 Ei
1 Prise Salz
1 EL Öl
125 ml lauwarmes Wasser

Fülle
80 g Rosinen
70 ml Inländer Rum
1 kg säuerliche Äpfel
Saft von 1 Zitrone
1 EL gemahlener Zimt
100–120 g Kristallzucker
150 g Butter
150 g Semmelbrösel

ZUBEREITUNG

FÜLLE: Rosinen mit Rum übergießen und 10 Min. ziehen lassen. Äpfel schälen, vierteln, Kerngehäuse entfernen und dünnblättrig schneiden. In eine Schüssel geben, mit Zitronensaft beträufeln, mit Zucker und Zimt sowie den marinierten Rosinen gut vermengen. Für die Butterbrösel Butter in einer Pfanne langsam schmelzen, Brösel zugeben und unter ständigem Rühren hellbraun anrösten.

TEIG: Mehl auf die Arbeitsfläche geben, eine Mulde machen, Ei, Öl, Salz und Wasser zugeben, mit einer Gabel verarbeiten und anschließend verkneten. Teig auf leicht geölten Teller geben, mit Öl bestreichen und zugedeckt 30 Min. rasten lassen. Ein Küchentuch (ca. 80 x 80 cm) auf eine Arbeitsfläche legen und mit reichlich Mehl bestreuen. Den Teig auf das Tuch legen, mit dem Nudelwalker etwa 1 cm dick ausrollen und anschließend mit den bemehlten Handrücken gleichmäßig auf allen Seiten hauchdünn „ausziehen", ca. 80 x 80 cm. Nun Butter zerlassen und mit der Hälfte den Teig großzügig damit beträufeln. Geröstete Butterbrösel gleichmäßig über die ganze Teigfläche streuen, die Apfelfülle auf dem unteren Drittel des Teigs gleichmäßig verteilen. Die Seitenlängen des Strudels als Erstes vorsichtig einschlagen. Nun den Strudel mithilfe des Strudeltuchs eng einrollen und auf ein gut bebuttertes Backblech legen. Strudel mit Butter bestreichen und im vorgeheizten Rohr bei 180 °C ca. 40 Min. backen. Nach Belieben mit Staubzucker bestreut servieren.

Fruchtig

Traunsee in der Heimat von SIGRID & MARINA

Eingebettet inmitten sanfter Hügellandschaften und stolzer Bergrücken laden im Salzkammergut 76 kristallklare Seen zur Erholung und Entspannung ein. Einer von ihnen ist der majestätisch wirkende Traunsee, auch der „Wächter des Salzkammergutes" genannt, an dessen Nordufer Gmunden liegt – die Heimatstadt von Sigrid & Marina.

Der See ist von hohen Bergen, sanften Hügeln und blumenübersäten Wiesen umgeben und mit seinen 204 Metern der tiefste See Österreichs. Durch die für ihn typischen „drehenden Winde" und die besondere Thermik stellt er eine große Herausforderung für Segler und Surfer dar, und Sporttaucher finden senkrecht abfallende Steinwände genauso vor wie betauchbare Grotten und Canyons. Keine Frage, dass der Werbeslogan: „Wenn ich den See seh', brauch' ich kein Meer mehr" alles aussagt, was es zum Thema Traunsee zu sagen gibt.
Gmunden war bereits zu Zeiten der k.u.k. Monarchie ein beliebter Platz für die Sommerfrische, wie Urlaub von unseren Urgroßeltern genannt wurde. In den 1990er Jahren wurde die Stadt durch die Fernsehserie „Schlosshotel Orth", die in ZDF und ORF ausgestrahlt wurde, berühmt.

KULINARIK INFO

DIE KÜCHE DES SALZKAMMERGUTS – berühmt & gut

Egal, ob ein deftiges Bratl in der Rein, ein Speckfasan, eine Knödelpartie, eine Speckjaus'n auf der Alm oder beim Picknick am See, ein Kaiserschmarren als Hauptspeise oder als Nachtisch, ein Apfel- oder Topfenstrudel mit und ohne Vanillesauce, ein schmackhaftes Butterbrot mit Schnittlauch (übrigens Kaiserin Sisis Lieblingsessen) und heimischem Käse nach einer Wanderung – die Genussgastwirte Oberösterreichs lassen sich gern in ihre Speisekarten und manchmal sogar über die Schulter schauen, wie zum Beispiel im Gasthaus zum Grünberg in Gmunden. Hier zeigt Ingrid Pernkopf, die Salzkammergut-Köchin aus Leidenschaft, in ihrer Schauküche den Besuchern unzählige Variationen der Knödelherstellung. Bei einem Urlaub im Salzkammergut sollte man sich dieses handwerklich auf höchstem Niveau stattfindende Kocherlebnis „der oberösterreichischen Weltkugel" auf gar keinen Fall entgehen lassen (Termine und nähere Infos unter: www.gruenberg.at). Auch mit Kindern ist man hier bestens aufgehoben, denn das allerneueste Werk der beliebten TV-Köchin ist ein märchenhaftes Kinderkochbuch.

„Es wird mit Recht
ein guter Braten
gerechnet zu
den guten Taten.“

Wilhelm Busch (1832–1908),
dt. Schriftsteller, Maler u. Zeichner

Wien, das kulturelle,
und die Steiermark,
das grüne Herz
Österreichs.

OSTEN • Wien • Niederösterreich • Steiermark

Wien

Niederösterreich

Steiermark

SIMONE
Herzogenburg
LINZER MÜRBTEIGKEKSE
Seite 153

ANDY BORG
Wien
WIENER SCHNITZEL mit ERDÄPFELSALAT
Seite 150

DIE MOSTIBÄREN
Seitenstetten
MOSTPUDDING
Seite 156

ANDREAS GABALIER
Graz
TAFELSPITZ mit RÖSTI und APFELKREN
Seite 159

MONIKA MARTIN
Graz
MONIS MOHNNUDELN mit APFELMUS
Seite 162

DIE EDLSEER
Birkfeld
BACKHENDLSALAT auf STEIRISCHE ART
Seite 168

DIE PALDAUER
Paldau
TAGLIATELLE mit LACHS
Seite 165

ANDY BORG

Der Stadl-Chef

Es gibt Menschen, die allein durch ihr heiteres, unbeschwertes Auftreten und ihren angeborenen Charme faszinieren. Andy Borg gehört zu dieser seltenen Spezies Mensch. Er überzeugt allein durch seine entwaffnende Ehrlichkeit. Trotz seiner Riesenerfolge ist der Sänger mit dem spitzbübischen Blick bescheiden geblieben. Er ist der König der Volksmusik – Andy Borg zeigt dort Flagge, wo es um gute Laune zu volkstümlichen Klängen geht. Er moderiert nicht nur den Musikantenstadl, sondern ist selbst ein erfolgreicher Schlagerstar, der sich für das harte Leben auf Tourneen nicht zu schade ist – im Dienste seiner zahlreichen Fans. Andy Borg ein supernetter Kollege, mit dem man stets was zu Lachen hat!

Als waschechter Wiener ist und bleibt für den Floridsdorfer Andy Borg sein Schnitzel die absolute „Leibspeise", zu Deutsch: Lieblingsspeise. Sogar seine gertenschlanke Frau Birgit vergisst auf die Kalorien, wenn so eine goldbraune knusprige Leckerei auf dem Teller liegt. Als wir die beiden in die Küche baten, gestand uns Andy: „Ich hab noch nie in meinem Leben a Schnitzl gmacht. Das is daheim immer von der Mama kommen – eh kloar!" Als er dann gemeinsam mit seiner Frau mit Fleischklopfer, Mehl und Bröseln herumhantierte, gab's Späße und so viel Gelächter, dass das Gericht fast misslungen wäre. Wie man aber sieht, sind der Familie Borg in Teamarbeit (mit Unterstützung der Küche im Hotel Pulverer in Bad Kleinkirchheim) dann doch ganz köstliche Wiener Schnitzel gelungen. Das größte Lob kam vom Stadlchef selbst, als er meinte: „Spitze! Die schmecken wie bei der Mama!"

WIENER SCHNITZEL mit ERDÄPFELSALAT

Zutaten für 4 Personen

Schnitzel
700 g Kalbsschnitzel
(man kann auch Schweinefleisch verwenden, ist aber nicht das Original!)
2 große Eier
Salz & Pfeffer
Mehl
Semmelbrösel
prickelndes Mineralwasser
Butterschmalz oder Öl
Zitrone zum Garnieren

Altwiener Erdäpfelsalat
500 g festkochende Erdäpfel
1 fein gehackte, größere rote Zwiebel
2–3 EL in feine Röllchen geschnittener Schnittlauch
150 ml Rinderbrühe
Gemüsebrühe oder Würfelbrühe
3 EL Weißweinessig
2 EL Speiseöl
½ TL süßer oder milder Senf
weißer oder schwarzer frisch gemahlener Pfeffer
Meersalz oder grobes Salz aus der Mühle

ZUBEREITUNG

SCHNITZEL: Kalbfleisch portionieren, die Ränder leicht einschneiden und klopfen. Nach dem Klopfen soll die Stärke ca. 6 mm betragen.
Eier mit einer Gabel verschlagen, pfeffern, einen Schuss prickelndes Mineralwasser dazu. Dann Schnitzel im Mehl wenden, durch die Eiermasse ziehen und danach in Semmelbröseln wenden. Leicht andrücken und überschüssige Brösel vorsichtig abschütteln. Schnitzel in reichlich heißem Fett (ca. 180 °C) von beiden Seiten (je Seite ca. 5 Min.) schön braun backen, erst danach salzen.

ALTWIENER ERDÄPFELSALAT: Die Erdäpfel ca. 30 Min. in Salzwasser kochen. Die Marinade anmachen. Dazu den Essig, das Salz, den Pfeffer und das Öl in einer kleinen Schüssel verrühren. Den Senf dazumischen und danach die heiße Brühe. Nach Ablauf der Garzeit die Kartoffeln unter kaltem Wasser abschrecken und sofort schälen. Die Kartoffeln noch heiß in Scheiben in die Schüssel schneiden. Die warme Marinade über die Kartoffeln gießen und zusammen mit der fein gehackten Zwiebel und den Schnittlauchröllchen unterheben. Die Marinade etwas einziehen lassen, nochmals mit Salz und Pfeffer abschmecken und servieren.

Klassisch

Wien – Heimatstadt von ANDY BORG

Andy Borg ist ein Floridsdorfer, stammt also aus dem 21. der 23 Bezirke Wiens. Innenstadtbewohner nennen Florisdorf und Donaustadt, die beiden nördlich der Donau liegenden Bezirke, gern „Transdanubien", also jenseits der Donau, das mit der Serie „Kaisermühlen-Blues" TV-Berühmtheit erlangte.

Am liebsten hält sich der Wiener in seinem „Grätzl" auf, das sich meist auf seine unmittelbare Wohngegend begrenzt. Doch dort ist man daheim, dort kennt man einander genauso wie im kleinen Dorf in ländlicher Umgebung. Und am liebsten geht man ins zugehörige Kaffeehaus, denn kaum anderswo in der Welt sind das Zeitunglesen und das Plaudern so traditionsverbunden wie in Wien.

Seit dem Ende des 19. Jahrhunderts wurden die Kaffeehäuser mit einem Mal nicht nur zum Plaudern und Lesen, sondern von den wichtigen Schriftstellern des Landes wie Arthur Schnitzler, Alfred Polgar, Friedrich Torberg und Egon Erwin Kisch als Arbeitsplatz aufgesucht. Somit war dies der Grundstein für das Entstehen der sogenannten Kaffeehausliteratur, und von den Literaten wurde der Tisch im Kaffeehaus oft und gerne als der Schreibtisch außer Haus bezeichnet. Noch eine Wiener Tradition: Zum Kaffee serviert der Herr Ober (so wird der Kellner genannt) das obligatorische Glas mit frischem, kaltem Leitungswasser, das zum Kaffee oder danach getrunken wird.

KULINARIK INFO

KLEINE WIENER KAFFEEKUNDE

Kleiner Brauner – einfacher Mokka mit Milch oder Obers in kleiner Schale.
Ein großer Brauner ist die doppelte Menge.

Kleiner Schwarzer (auch kleiner Mokka) – einfacher Mokka in kleiner Schale

Verlängerter – die Dosierung eines kleinen Schwarzen wird mit der Wassermenge eines großen Schwarzen zubereitet.

Großer Schwarzer (auch großer Mokka) – doppelter Mokka in großer Schale

Einspänner – großer Mokka im Henkelglas mit Schlagobershaube, die den Kaffee bei Wartezeiten länger warm hält.

Melange oder Schalerl Braun – halb Kaffee, halb Milch

Schalerl Gold – Kaffee mit Kaffeeobers, etwas heller als ein Brauner

Wiener Melange – Melange mit geschäumter Milch im Glas serviert

Franziskaner – lichte Melange mit Schlagobers und Schokostreuseln

SIMONE

Die Schlagerschönheit

„Wenn ich heute zurückdenke, stand die Musik für mich immer an erster Stelle“, sagt Simone. Die bildhübsche Niederösterreicherin hat es geschafft! Sie gilt als erfolgreichste Schlagersängerin Österreichs und kann sich über zahlreiche Spitzenplatzierungen in internationalen Hitlisten und über mehrere „Amadeus“-Nominierungen freuen (das ist so etwas wie der österreichische „Echo“). Und für die Sängerin läuft es schon lange hervorragend. Seit Mitte der 1990er Jahre hat sie Hit auf Hit abgeliefert, und jedes Mal ging's stetig ein Stückchen bergauf. Mit dem Single-Hit „Ich hätt ja gesagt“ und dem Album „Morgenrot“ hat es Simone allerdings endgültig in den Schlager-Olymp geschafft. Mittlerweile ist diese zierliche Sängerin bis in die letzten Ecken Deutschlands bekannt, und jeder hat erkannt, welches Potenzial in dieser zauberhaften Sängerin steckt. 2006 nahm sie auch an der ORF-Show „Dancing Stars“ teil und tanzte sich mit ihrem Tanzpartner Alexander Kreissl bis ins Semifinale – und ins Glück! Seit dem 3. Oktober 2009 ist sie mit ihm verheiratet. Die beiden tanzen übrigens immer noch gern, was aber nicht Simones einziges Hobby ist. „Für Sport hab ich viel übrig“, erklärt die trainierte Künstlerin, „besonders fürs Mountainbiking, Laufen, Fitness und Tauchen.“ Kochen gehört nicht unmittelbar zu ihren Lieblingsbeschäftigungen: „Da hab ich ja meine liebe Mama dafür. Ich bin doch so viel unterwegs“, lacht Simone – mit ihrem Herzblatt Alexander haben wir sie aber dazu überreden können, uns ein Keksrezept für die Weihnachtszeit zu verraten.

Herzogenburg – Heimatort von SIMONE

Simone Stelzer, wie die sympathische Niederösterreicherin mit dem vollen Namen heißt, ist im niederösterreichischen Herzogenburg aufgewachsen, wo sie zunächst das Gymnasium besuchte, und die Oberstufe in der Höheren Technischen Lehranstalt Krems mit der Matura im Zweig Restaurierung abschloss.

Im Herzen Niederösterreichs, an der kleinen Barockstraße gelegen, ist Herzogenburg mit dem Auto, aber auch mit öffentlichen Verkehrsmittel leicht erreichbar. Herzogenburg bietet für jedermann etwas, denn kulturelle Vielfalt verbunden mit einem Radausflug oder einem Spaziergang durch die Aulandschaft der Traisen und zum Abschluss ein Besuch beim Heurigen, um eine herzhafte Brotzeit mit einem guten Glaserl Wein aus der Region Traisental zu genießen, hat viel mit Entschleunigung zu tun.

Das dortige Stift der Augustiner-Chorherren mit seinem bis weithin sichtbaren Kirchturm, das Kulturzentrum „Reither-Haus“, der historisch barocke Stadtkern Herzogenburgs sowie das reizvolle Barockschloss von Heiligenkreuz-Gutenbrunn sind nur einige wenige Sehenswürdigkeiten, die bei einer Radtour oder einem Spaziergang durch die Umgebung Herzogenburgs zu bewundern sind.

Malerische Weinhänge mit Fernsicht ins Alpenvorland und idyllisch gelegene Kellergassen laden ebenso zur Besichtigung ein. Wer nicht allzu weit strampeln will, findet in den Wäldern und Weingärten sowie in den Traisenauen Erholung – und tankt neue Lebenskraft für die Bewältigung der Alltagssorgen.

WISSENS INFO

DAS STIFTSWEINGUT HERZOGENBURG

Im 14. und 15. Jahrhundert erwarb das Stift Höfe und Weingärten in Wielandsthal, heute Teil des Gemeindegebiets. Der klösterliche Weinbau wurde in der Regel von Pächtern betrieben. Das Weingut, das von Hans Jörg Schelling, Vorstandsvorsitzender im Hauptverband der Sozialversicherungen, für 25 Jahre angemietet und betrieben wird, verfügt über den größten unterirdischen Keller der Region, der gänzlich restauriert und modern ausgestattet wurde. Derzeit verarbeitet das Weingut mit seinem Kellermeister Thomas Steiner 5,5 Hektar, in der Endausbaustufe werden es 11 Hektar sein (rund 40.000 Flaschen Wein). Erzeugt werden Grüne Veltliner verschiedener Ausprägungen, Weißburgunder, Chardonnay, Sauvignon Blanc, Riesling, Gelber Muskateller und ein Roséwein.

LINZER MÜRBTEIGKEKSE

Zutaten für 4 Personen

100 g Staubzucker
200 g Butter
1 Ei
280 g glattes Mehl
80 g geriebene Haselnüsse

Ribiselmarmelade
(Rote Johannisbeer-Konfitüre)

ZUBEREITUNG

Alle Zutaten (außer der Marmelade) zu einem glatten Teig verrühren und für eine halbe Stunde in den Kühlschrank stellen. Danach den Teig auf einer gut bemehlten Arbeitsfläche 4 mm dick ausrollen und mit einem runden Ausstecher (8–9 cm Durchmesser) ausstechen. Die Kekse auf ein mit Backpapier ausgelegtes Blech legen und im vorgeheizten Backofen bei 170 °C goldgelb backen. Die Hälfte der fertigen Kekse mit der Marmelade bestreichen, dann die andere Hälfte als Deckel draufsetzen.

TIPP: Die Kekse können danach noch in Schokoglasur getunkt werden.

DIE MOSTIBÄREN

Die Stimmungsgaranten

Das sind drei junge beherzte Musikanten aus dem Mostviertel. Hannes Gruber, Christian Stockreiter und Tobias Gröbl spielen aus „Spaß an der Freud" und garantieren bei ihren Konzertauftritten stimmungsvolle Lieder, die keinen Zuseher auf dem Sessel sitzen bleiben lassen. Da wird mitgeschunkelt und mitgetanzt. Nicht umsonst sagen die drei über sich: „Wir san die mit der Stimmungsgarantie!" Von dieser Garantie konnten sich auch schon zahlreiche Kollegen wie das Alpen Trio Tirol, das Trio Alpin oder Petra Frey überzeugen, bei deren großen Konzerten die Burschen auftreten durften. Mit ihrem neuen Album „Ich wünsch dir Glück" treffen sie eine Kombination aus neuer fetziger Volksmusik, gemischt mit eigenen poppigen Klängen.

Starke Wurzeln zu ihrer Heimat können die drei nicht verleugnen, tragen sie das Mostviertel doch in ihrem Bandtitel. Die Mostibären haben sich auch ein ganz typisches Rezept aus der Region ausgesucht, die, um ihre kulinarische Tradition aufrechtzuerhalten, sogar ein eigenes Mostkulinarium betreibt. Sollten Sie also einmal in der Nähe von Seitenstetten sein, dann schauen Sie am besten beim Mostviertlerwirt Ott vorbei. Dort bekommt man köstlich zubereitete, nach alten Rezepten gekochte Speisen und es könnte es durchaus sein, dass Sie die drei Mostibären gerade beim „Aufspieln" antreffen.

MOSTPUDDING

Zutaten für 4 Personen

4 Eier
120 g Staubzucker
120 g Brösel
3 EL Mehl
1 Rippe geriebene Schokolade
je 1 TL Zimt und Nelkenpulver
Glühmost
Schlagobers

ZUBEREITUNG

Dotter und Zucker schaumig rühren, die übrigen Zutaten leicht einrühren und den steifen Schnee unterziehen. Den Teig in eine befettete und bebröselte Form füllen und bei mäßiger Hitze 45 Minuten backen. Kuchen herausstürzen, mit heißem, gezuckertem Glühmost übergießen und mit Schlagobers servieren.

Locker & flaumi

Seitenstetten – die Heimat der MOSTIBÄREN

Die jungen Musikanten kommen aus einer der unberührtesten Landschaften Niederösterreichs, dem Mostviertel, deren kulturelles Zentrum seit seiner Gründung 1112 das Benediktinerstift Seitenstetten ist. Das Stift und der dazugehörende Ort liegen an der Voralpenbundesstraße ungefähr in der Mitte zwischen Amstetten und Steyr.

Seit 1984 leitet Abt Berthold Heigl die Geschicke des Stiftes, das zwischen 1718 und 1747 sein heutiges barockes Aussehen bekam. 1985–1991 wurde das gesamte Klostergebäude außen vom Keller bis zum Dach restauriert und von 1987 bis heute in verschiedenen Etappen der gesamte Meierhof. Ein romantisch verwilderter und unterschiedlich genutzter Garten ist 1994 für das Stift Seitenstetten der Ausgangspunkt für eine fundierte Revitalisierung des von einer Mauer umschlossenen Hofgartens. Zu den Millenniumsfeiern 1996 erstrahlte der Garten in neuem Glanz. Seither konnte er schon tausenden Gästen seine Geschichte erzählen und ist täglich von 8:00 bis 20:00 Uhr geöffnet und frei zugänglich.
Zur 900-Jahre-Feier 2012 ist eine Ausstellung im Stift geplant, in der unter anderem die Entwicklung des Klosters dokumentiert werden wird und sich zahlreiche Veranstaltungen mit dem Wirken der Mönche im Mostviertel beschäftigen werden.

WISSENS INFO

MOSTOBSTWANDERWEG
in Seitenstetten

Das scheinbar unendliche Blütenmeer der Birnenbäume bezaubert im Frühling (Anfang Mai) nicht nur die Wanderer. In dieser lieblichen Obstbaumlandschaft leben Natur und Mensch noch in Harmonie. Im Sommer kann man herrliche Ausflüge zwischen Wiesen und Wäldern, Auen und Äckern unternehmen. Im Herbst erfreuen die reifen, glühendgelben Früchte und das leuchtende Rot der Blattverfärbung der Bäume das Herz der Wanderer aus nah und fern. Der ca. zweieinhalbstündige wenig anstrengende Mostobstwanderweg beginnt am Stiftsparkplatz in Richtung Südosten, vorbei an einem Damwildgehege zum Mostheurigen Kronawetter bis auf die Anhöhe des Blümelsberges hinauf. Hier sollte man verweilen, denn der Panoramablick bietet eine prächtige Aussicht. Zurück geht es vorbei am Bauernhof Blümelsberg, vorbei am Haiderholz, der Schintinger-Kapelle und der Dachsbach-Siedlung bis zur rechtseitigen Birkenallee zurück zum Ausgangspunkt.

ANDREAS GABALIER

Der Herzensbrecher

Der aus Graz stammende Senkrechtstarter Andreas Gabalier begeistert mit seinen zwei platinveredelten Alben ein Millionenpublikum und ist derzeit Österreichs größte musikalische Neuentdeckung. Der jugendlich frische Herzensbrecher mit dem unverkennbaren Hüftschwung erobert vor allem die Frauenherzen im Sturm! Andreas Gabalier in eine musikalische Schublade zu stecken wäre fatal – so bietet der Sänger und Multiinstrumentalist handgemachte melodiöse Eigenkompositionen, die keine Stilgrenzen kennen. Seine Musik begegnet dem Rock, dem Blues, dem Schlager, der Volksmusik, und genau diese ganz eigene Mischung aus musikalischen Anleihen bildet letztendlich den Rahmen für seine Mundarttexte. Seine Songs wie „Dahoam", „Mei Herz schlogt nur für di", „Bergbauerbuam" konnte die halbe Konzerthalle bereits mitsingen und bei „I sing a Liad für di", bekannt auch aus seinen TV-Auftritten, hielt es keinen mehr auf seinem Stuhl. Auch sein neuester Titel „Sweet little Rehlein" hat das Potenzial zum ganz großen Hit.

Was der junge, fesche Steirer in den letzten Monaten alles erreicht hat, ist unglaublich. Neben zahllosen TV-Auftritten und Edelmetall in Serie für seine Alben findet der Publikumsliebling trotzdem immer wieder Zeit für einen Fototermin. „Allerdings muss es lustig sein! Und wenn ich euch was kochen soll, dann muss es mir schmecken! Also wenn ich irgendwas mit Innerein angreifen soll, dann renn ich!", erklärt uns Andreas mit seinem unverwechselbaren Spitzbuben-Lächeln und wählt einen Klassiker aus der Wiener Küche.

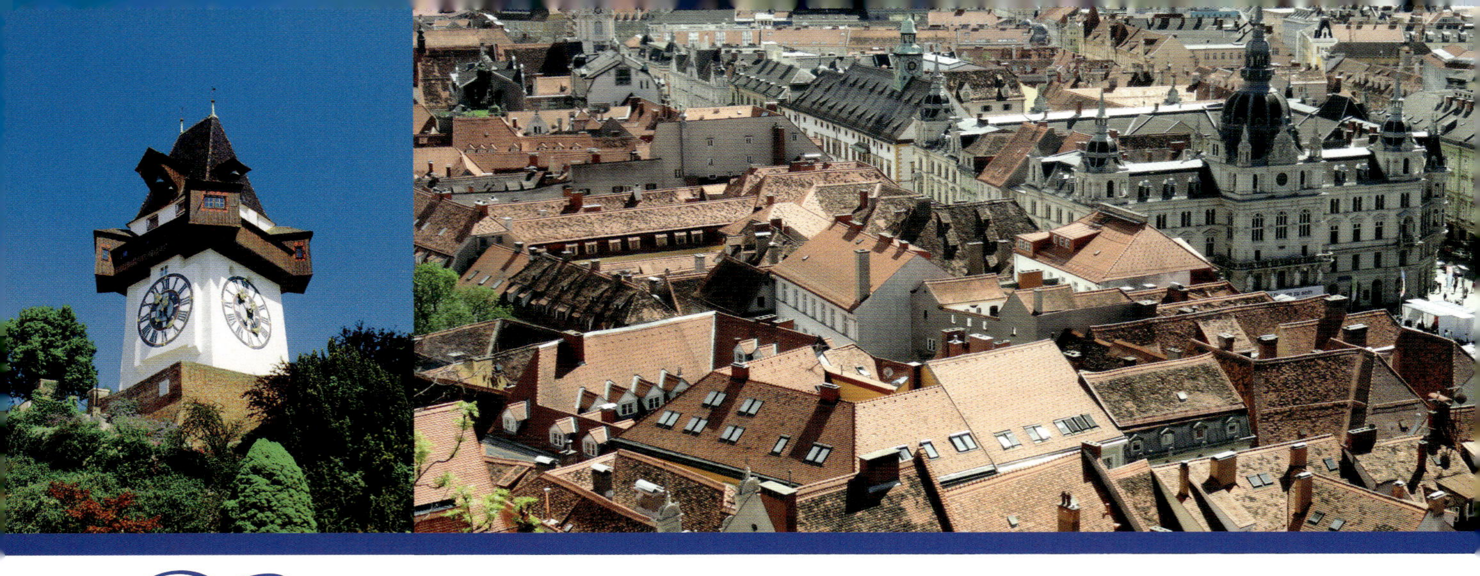

Graz – der Geburtsort von ANDREAS GABALIER

Graz ist nicht nur die Hauptstadt der Steiermark, sondern auch der Geburtsort von Andreas Gabalier. Wer Graz im frühen Frühling besucht, wird häufig überrascht von dem gegenüber anderen österreichischen Landeshauptstädten fast mediterran anmutenden Klima. Denn während anderswo noch Schnee liegt, füllen sich in Graz bereits die Straßencafés mit Sonnenhungrigen.

1999 wurde die Altstadt von Graz wegen ihres guten Erhaltungszustands zum UNESCO-Weltkulturerbe erklärt, und tatsächlich konzentrieren sich hier auf relativ engem Raum die meisten der Sehenswürdigkeiten der Stadt. Im ihrem Zentrum liegt der Schloßberg (keine „alte" Rechtschreibung, sondern ein Eigenname) ein wuchtiger Felsen aus Dolomitgestein. Wer sich fit genug fühlt, verzichtet darauf, sich von der Schloßbergbahn oder dem Schloßberglift nach oben befördern zu lassen, sondern bezwingt die 123 Höhenmeter zu Fuß über 260 Stufen.

Die Mitte des 16. Jahrhunderts auf dem Gipfel errichtete und immer wieder erweiterte Festung kann sich rühmen, niemals durch eine direkte kriegerische Auseinandersetzung erobert worden zu sein. Erst Napoleon zwang Anfang des 19. Jahrhunderts die Besatzung mit der Drohung, ansonsten Wien zu zerstören, zur Übergabe und ließ fast alle Gebäude schleifen, so dass von der ursprünglichen Anlage heute nur noch der Glockenturm und der Uhrturm, das Wahrzeichen von Graz, erhalten sind.

KULINARIK INFO

GRAZ, DIE STADT DES BIERES

Die eigentliche Geschichte der ersten Grazer Großbrauerei beginnt in einem kleinen Biergasthof im Stadtteil Puntigam, am Ortsrand von Graz. Es war eine Landwirtschaft mit einem hübschen kleinen Gastgarten, zu dem an schönen Tagen Hunderte von Ausflüglern pilgerten. Kein Wunder, denn schon damals stand das bierige Puntigamer für Humor, Geselligkeit und Schwung. Durch die verkehrsgünstige Lage an der sogenannten Kommerzialstraße nach Triest entsteht allmählich ein professionelles Brauunternehmen. Schon 1872 erzielte man einen Bierausstoß von 100.000 Hektolitern im Jahr. 1943 schloss sich die Brauerei mit jener der Brüder Reininghaus zusammen. So wurde der steile Aufstieg des steirischen Bieres nach dem Zweiten Weltkrieg eingeleitet. Im Jahr 1947 wurde die gesamte Bierproduktion nach Puntigam verlegt. 1997 fusionierten die Steirerbrau AG und Brau AG zum größten Brauunternehmen des Landes, der Brau Union Österreich AG. Damals wie heute wird hier Bier in erstklassiger Qualität gebraut – jährlich rund eine Million Hektoliter.

TAFELSPITZ mit RÖSTI und APFELKREN

Zutaten für 6 Personen

Fleisch
1 kg Tafelspitz (auf Fettansatz und helle Farbe des Fettes achten)
2 Karotten
2 Gelbe Rüben
½ kleine Sellerieknolle
1 kleine Zwiebel
4 l Wasser
2 Lorbeerblätter
10 Pfefferkörner
2 Wacholderbeeren

Erdäpfel Rösti
1 kg in der Schale gekochte, geschälte Erdäpfel (Kartoffeln)
Pflanzenöl zum Ausbacken
Salz
Muskatnuss

Apfelkren
2 geriebene säuerliche Äpfel
1 EL Staubzucker
20 ml Apfelessig
50 g geriebener Kren
(oder Krenpaste aus dem Glas)
Salz
evtl. ein paar Tropfen der Rindssuppe

ZUBEREITUNG

Das Wasser in einem geräumigen Kochtopf zum Kochen bringen, das Fleisch nicht ohne den Fettdeckel einkochen. Eine halbe Stunde kräftig kochen lassen und immer wieder den aufsteigenden Schaum abschöpfen. Danach das geschälte, in Würfel geschnittene Gemüse und die Gewürze zugeben. Die Hitze so reduzieren, dass die Temperatur gerade am Siedepunkt ist. Das Fleisch sollte in etwa 2–3 Stunden ganz langsam köcheln.
Inzwischen die Erdäpfel kochen, schälen und mit einem Küchenhobel in feine Streifen hobeln.
Geriebene Äpfel mit allen Zutaten gut verrühren, in Saucieren geben und kühlen.
Die geriebenen Erdäpfel in reichlich Öl knusprig, beidseitig ausbacken und auf Küchenpapier abtropfen lassen. Den Tafelspitz mit einer Fleischgabel zur Probe anstechen. Lässt sich die Gabel schon leicht ins Fleisch drücken, so ist der Tafelspitz fertig. Vor dem Aufschneiden kurz rasten lassen. Der Tafelspitz kann jetzt in sechs gleich große Tranchen geschnitten und mit Salz und Schnittlauch bestreut in vorgewärmten Suppentellern angerichtet werden. Das mitgekochte Gemüse, das Rösti und den Apfelkren dazu servieren.

Feine Sache

MONIKA MARTIN

Die Sensible

Monika Martin ist die mit Abstand erfolgreichste Künstlerin des Genres volkstümliche Musik im deutschsprachigen Raum. Das hat mehrere Gründe. Einer davon ist die Art und Weise, wie sie mit ihrem Publikum umgeht, wie sie auf die Menschen zugeht und diese ihr das nahezu mit Verehrung danken. Ein weiterer Grund ist die unverkennbare Charakteristik ihrer Stimme, die im Ausdruck die Person und die Künstlerin verkörpert, die auf ihre Art wiederum sehr sensibel mit ihrer Musik umgeht – dieser Musik, die sich als Schlüssel zu den Seelen der Menschen erwiesen hat. Bei Monika Martin würde das eine nicht ohne das andere funktionieren. Text und Musik ergeben jenes Fundament, welches die Stimme bei ihr zum Schwingen bringt. Es sind nicht ausschließlich die hohen Töne, die den Wiedererkennungswert ausmachen, sondern es ist das, was in den Tönen steckt, nämlich eine Art Gesamtwerk, das sich nicht zum Nebenbeihören eignet. Stimme und Musik und siehe da, es funktioniert. Immer besser. Der Erfolg der Monika Martin basiert darauf, dass sie für sich selbst erkannt hat, wie das, was sie tut, seine Wirkung auf die Zuhörer entfaltet.

Monika Martin kocht nicht nur für ihre Freunde und Familie, sondern teilt ihr Lieblingsrezept auch gerne mit ihren Fans. Sie schwört bei ihren Mohnnudeln auf eine Prise Salz im Kochwasser. Sie sagt, dass die Nudeln dadurch besonders flaumig werden. Am besten Sie probieren es einfach aus und sehen, ob der Superstar damit Recht behält.

MONIS MOHNNUDELN mit APFELMUS

Zutaten für 4 Personen

Mohnnudeln
500 g mehlige Kartoffeln
50 g Butter
150 g Mehl
1 Ei
1 Prise Salz
1 EL Öl
50 g Zucker
200 g Mohn
30 g Butter
Milch

Apfelmus
4 kg Äpfel
400 ml Apfelsaft
Zimt
1 Pkg. Vanillezucker

ZUBEREITUNG

MOHNNUDEL: Die Kartoffeln kochen, auskühlen lassen und schälen, dann mit der Presse zerdrücken. Mit Butter, Salz, Mehl und Ei zu einem festen Teig verkneten. Teig zu einer Schlange ausrollen, kleine Stücke abschneiden. Die Teigstücke zu Nudeln formen. Teignudeln in Salzwasser (mit 1 EL Öl) kochen. Die Nudeln sind fertig, wenn sie an die Oberfläche steigen. Abgeschöpfte Nudeln abseihen und unter kaltem Wasser spülen. Mohn mit Zucker, Butter und etwas Milch in einer Pfanne erhitzen, die Nudeln darin schwenken.

APFELMUS: Äpfel waschen, schälen, entkernen und grob würfeln. Mit dem Apfelsaft in einen weiten Topf geben und ca. 10 Min. kochen. Anschließend noch größere, aber weiche Stücke mit einem Stampfer zerdrücken. Mit Zimt und Vanillezucker abschmecken.

Die Mohnnudeln auf einem Spiegel aus Apfelmus anrichten, oder in kleinen Schüsselchen dazureichen.

Flaumig

Graz – die Heimatstadt von MONIKA MARTIN

Wie Andreas Gabalier stammt auch Monika Martin aus Graz, der Hauptstadt der Steiermark. Die attraktive Mittvierzigerin studierte in ihrer Heimatstadt Kunstgeschichte und promovierte zum Doktor der Philosophie.

Wir wollen nun gemeinsam mit der Künstlerin den zuvor begonnenen Rundgang durch das historische Graz fortsetzen und steigen vom Schloßberg wieder hinunter in das heitere Zentrum von Graz, in der es so viel Sehenswertes zu sehen gibt, dass es für einen weiteren Tag Besichtigung mehr als ausreicht. Für Museumsgänger ist in Graz wohl der Besuch des zweitgrößten Museums von Österreich, dem Joanneum, von besonderer Bedeutung. An der Vielfalt seiner Sammlungen gemessen gilt es als das bedeutendste der österreichischen Landesmuseen.

Im Norden der Stadt bietet die Ruine der ehemaligen Burg Gösting, vor fast 300 Jahren durch Blitzschlag zerstört, einen atemberaubenden Ausblick über die Umgebung von Graz, und wem der Sinn nach dramatischer Natur steht, der wagt einen Gang durch die Rettenbachklamm, solides Schuhwerk ist Voraussetzung. Ein wahres Grazer Kleinod wurde im Jahre 2010 dem UNESCO-Welterbe „Grazer Altstadt" angegliedert: Die barocke Anlage von Schloss Eggenberg, vor den bewaldeten Höhen im Westen der Stadt gelegen und von einem Park im englischen Stil umgeben. Sowohl das Schloss mit seinen 24 Prunkräumen wie auch der romantische Schlosspark gehören bei einem Besuch in Graz für jährlich eine Million Menschen zum touristischen Pflichtprogramm.

WISSENS INFO

SPAZIERGÄNGE RUND UM GRAZ

Die Berge, die das Grazer Becken von Westen bis Nordosten umschließen – Buchkogel, Plabutsch, Hohe Rannach, Leber, Platte, Lustbühel –, laden zu kurzen Spaziergängen oder ausgedehnten Wanderungen ein und bieten schöne Ausblicke auf die Stadt. Zudem sind sie vom Zentrum aus leicht mit öffentlichen Verkehrsmitteln erreichbar. Darüber hinaus gibt es ein immer dichter werdendes Netz von Mountainbike-Routen mit den Hauptgebieten Schöckl und Plabutsch. Das nordöstlich anschließende Grazer Bergland – das sich vom Grazer Hausberg Schöckl mit seinen 1445 Metern bis hin zum Hochlantsch mit 1720 Metern erstreckt – erweitert diese Möglichkeiten nochmals um sehenswerte Klammen und Höhlen wie die Bärenschützklamm, die Kesselfallklamm oder die Lurgrotte.

DIE PALDAUER

Die Schlager-Gentlemen

Im Vordergrund der Gruppierung stehen die beiden Sänger Didi Ganshofer und Renato Wohllaib, zwei grundverschiedene Persönlichkeiten und Sänger, die einander aber musikalisch perfekt ergänzen. Didi, der temperamentvolle, sympathische Frontmann mit seiner strahlenden, markanten Stimme und Renato, der charmante Gentleman mit seiner sanften, schmeichelnden Stimme, sind das Markenzeichen der Paldauer. Neben den beiden Leadsängern tragen die beiden Bläser Harry Muster und Erwin Pfundner maßgeblich zum typischen Paldauersound bei.

Richtiger Spaß kommt auf, wenn Tony Hofer – Bass und weitere 15 Instrumente –, dank seiner seriösen Klassik- und Jazzausbildung mit einem außergewöhnlichen Instrument und mit einem nicht alltäglichen Solo die Gäste von den Sitzen reißt. Sympathisch durch das Programm führt Bandleader Franz Griesbacher mit Charme und Humor. Die Paldauer haben über Jahre Bodenständigkeit bewiesen und sind trotz ständig steigendem Erfolg immer mit allen „12 Beinen“ auf dem Boden geblieben. Nichts ist den Steirern selbstverständlich, deshalb sind sie auch ohne Starallüren. Mit großem Respekt pflegen sie den Kontakt zu ihrem Publikum. „Danke, Grüß Gott und Auf Wiedersehen zu sagen – das ist das Gebot der Höflichkeit, und das ist unsere Zauberformel“, sagt Franz Griesbacher und fügt hinzu, „mit Zaubern hat Menschlichkeit zum Glück wenig zu tun, jeden Tag alles geben – das ist es, was für uns zählt.“

Die sechs Musiker haben auch alles in der Küche gegeben, denn das ist bei Gott nicht ihr gewohntes Revier. Perfektionist Frans Griesbacher hat seinen Freunden mit Hilfe eines italienischen Kochbuches genaue Anweisungen gegeben und so waren alle mit dem kulinarischen Ergebnis zufrieden.

Paldau – Heimatort der PALDAUER

Die Gruppe wurde 1968 von Franz Griesbacher und seinem Stiefbruder Erwin Pfundner sowie deren Freunden Johann Kaufmann, Alfred Kien und Franz Scheucher unter dem Namen das „Paldauer Quintett“ gegründet. Zunächst trat die Gruppe bei verschiedenen Vereinen in Paldau und Umgebung auf.

Paldau liegt ca. 32 Kilometer südöstlich von Graz und ca. sieben Kilometer westlich der Bezirkshauptstadt Feldbach im Oststeirischen Hügelland – einem Teil des Alpenvorlandes. Lange Zeit war die Oststeiermark durch ihre Lage nahe dem Eisernen Vorhang und die schwache Struktur eine benachteiligte Gegend. Die Region ist bis heute landwirtschaftlich geprägt und kennt eine Reihe lokaler Traditionen.
Das für österreichische Verhältnisse sehr milde Klima kompensiert einige Nachteile der sehr kleinräumigen Landwirtschaft und erlaubt die Kultur von Wein. Eine weitere Spezialität ist das Kernöl, welches aus Kürbissen gewonnen wird, die hier angebaut werden. Weiters befindet sich in der Oststeiermark das wichtigste österreichische Apfelanbaugebiet. Die Äpfel werden für Tafelobst oder für die Verarbeitung zu Fruchtsaft, Most (ein herber Apfelwein) und Essig verwendet.

Ein besonders wichtiger Wirtschaftsfaktor dieser Region ist der Tourismus. Themen sind hier Wandern, Radfahren, Gesundheit (Wellness), Kulinarium, Kultur, Wintersport sowie Natur.
Die Ostöffnung hat der Gegend neue Impulse gegeben, außerdem hat sich ein bedeutender Kurtourismus durch die Thermen entwickelt wie jene von Loipersdorf, Bad Blumau, Bad Waltersdorf oder Bad Radkersburg, um nur einige zu nennen, die im Süden dieses Gebietes liegen.

KULINARIK INFO

DAS STEIRISCHE APFELLAND

Durch die mineralreiche Vulkanerde und das mediterran-pannonische Alpenklima des oststeirischen Hügellandes, hat der steirische Apfel einzigartige Geschmacksnoten, die sich von Äpfeln anderer Anbaugebiete klar zu unterscheiden. Die hier produzierten Mengen sind vergleichsweise klein, trotzdem haben sich die steirischen Äpfel mittlerweile in über 30 Ländern einen Namen gemacht, zumal man auch so manche Rarität an alten oder besonders geschmackvollen Apfelsorten entdecken kann, die sonst schon schwer zu bekommen sind: Gravensteiner, Kronprinz Rudolf, Boskoop, Rubinette, Topaz und viele mehr.

TAGLIATELLE mit LACHS

Zutaten für 4 Personen

2 unbehandelte Zitronen
400 g Lachsfilets
500 g Tagliatelle
200 ml trockener Weißwein
250 ml Sahne
2 kleine Zwiebeln
2 Knoblauchzehen
1 Bund Dille
Salz
weißer Pfeffer
Mehl
Butter & Olivenöl

ZUBEREITUNG

Die Zwiebeln und den Knoblauch fein würfeln. Die Schale der Zitronen mit einem Zestenreißer abziehen, anschließend die Zitronen auspressen. Die Nudeln nach Packungsanweisung bissfest kochen. Das Lachsfilet in Würfel schneiden und mit dem Zitronensaft beträufeln. In einer Pfanne Zwiebeln und Knoblauch anschwitzen, etwas Mehl hinzugeben und ebenfalls anschwitzen. Wenn das Mehl ein wenig braun geworden ist, mit Weißwein und Sahne ablöschen. Anschließend die Lachswürfel hinzugeben. Die Sauce etwa 10 Min. bei schwacher Hitze köcheln lassen, die feingeschnittene Dille dazugeben. Wenn die Sauce zu dick ist, mit etwas Milch verdünnen. Mit Salz, Pfeffer und Zitronensaft abschmecken.

Anschließend die Nudeln mit der Sauce anrichten und mit einigen Blättern Rucola sowie Zitronenzesten garnieren.

Exquisit

DIE EDLSEER

Die Ur-Steirischen

„Hoamat“ ist für die Edlseer ein echtes Lebensgefühl. Seit knapp 20 Jahren sind Fritz, Luigi, Andreas und Manfred schon erfolgreich unterwegs und haben nie vergessen, wo sie wirklich zu Hause sind. Im Gegenteil – ihre Heimat war immer ein wichtiger Bestandteil ihrer Lieder und ihrer Kunst. Die Edlseer besinnen sich stets – und das nicht nur musikalisch – ihrer Herkunft. Sie präsentieren sich in einer neuen Tracht: der steirische Lampas bei der Hose, das grüne Herz am Gürtel und am Gilet ist das Wappentier, der weiße Panther, abwechselnd mit dem grünen Herzen zu sehen. Und nicht zu vergessen die besondere Harmonika – die Tannenholzharmonika, für die die Musiker das steirische Landeswappen verliehen bekommen haben. Last but not least sei hier erwähnt, dass die Edlseer auch musikalisch ihre Wurzeln in der Steiermark finden, denn ihre großen Vorbilder, später auch Förderer und Kollegen auf der Bühne, waren und sind die Stoakogler, die sich 2011 von der großen Musikbühne zurückziehen. Kein Wunder also, dass sich die Edlseer bei ihren Idolen musikalisch bedanken, weil für sie die „Stoanis“ genauso zu ihrer Heimat zählen wie Birkfeld, eben die „Edlseer Hoamat“.

BACKHENDLSALAT auf STEIRISCHE ART

Zutaten für 2 Personen

Hendl

2 ausgelöste Hühnerbrustfilets
Saft von 1 Zitrone
Salz & weißer Pfeffer
100 g Mehl
2 Eier
300 g Semmelbrösel und gehackte Kürbiskerne
Pflanzenöl zum Backen

Salat

300 g gemischte Blattsalate (Lollo rosso, Frisée, Vogerlsalat, Häuptelsalat)
6 Tomaten zum Garnieren

Marinade

1 EL Estragonsenf
1 kleine Knoblauchzehe
steirisches Kernöl
Balsamico-Essig
Salz & weißer Pfeffer

ZUBEREITUNG

Eine Schüssel mit dem gepressten Knoblauch ausreiben. Die geputzten Blattsalate in die Schüssel geben. Die Hühnerbrust mit Küchenpapier abtupfen und in Streifen schneiden. Hühnerfleisch mit Zitronensaft beträufeln, leicht salzen und pfeffern. Brösel mit den gehackten Kürbiskernen vermengen. Hühnerbruststreifen zuerst in Mehl wenden, danach durch das verquirlte Ei ziehen und zum Schluss mit den Bröseln panieren. Panierte Hühnerbruststreifen in heißem Öl beidseitig goldgelb backen, auf Küchenpapier abtropfen lassen. Alle Zutaten für die Marinade verrühren, die Blattsalate damit marinieren. Salat in der Tellermitte locker anrichten, mit reichlich Kürbiskernöl beträufeln und mit den gebackenen Hühnerfilets belegen. Mit Tomaten garnieren.

Dazu passt am besten ein gut gekühltes Glas steirisches Bier!

Knackig

Birkfeld – Heimatort der EDLSEER

Die Edlseer sind eine österreichische Volksmusikgruppe aus Birkfeld in der Steiermark. Die Band wurde 1990 als „Edlseer Spatzen" gegründet, 1993 erfolgte eine Neugründung als „Edlseer Trio", aus der der heutige Name hervorging

Birkfeld liegt im Zentrum des Oberen Feistritztales im Bezirk Weiz, in der östlichen Steiermark. Der Ort war einst Zentrum der Weber. So gab es um 1750 im Markt 51 Betriebe, davon 16 Webereien. Doch Birkfeld war auch ein Mautort auf dem Handelsweg vom steirischen Unterland und der Radkersburger Weingegend hinüber in das Mürztal. Die Abhaltung von Jahrmärkten, Wochen- und Getreidemärkten sowie Viehmärkten zeigt Birkfeld weiters als bestimmendes Wirtschaftszentrum des oberen Feistritztales. Heute ist eine der touristischen Attraktionen die Feistritztalbahn, auf der man Oldtimer-Fahrten wie anno dazumal erleben kann. An die schnaubende Dampflokomotive sind alte, noch aus der Gründerzeit der Bahn stammende, Personenwagen mit Holzbänken angehängt. Die Bahnlinie wurde im Jahr 1911 zwischen Weiz und Birkfeld eröffnet. Ohne Hast und Eile, fern vom Alltag, durchquert der Fahrgast eine landschaftlich besonders reizvolle Gegend der Oststeiermark. Durch die kühne Konstruktion dieser Schmalspurbahn (zahlreiche Brücken, Viadukte und Tunnel) ergeben sich viele lohnende Motive für jeden Hobbyfotografen.

WISSENS INFO

STEIRISCHES KÜRBISKERNÖL

Steirisches Kürbiskernöl ist eine anerkannte Herkunftsbezeichnung, das heißt, nur Kürbiskernöl aus der Steiermark darf auch als solches angeboten werden. Das echte Steirische Kürbiskernöl wird auf spezielle Weise aus dem Steirischen Ölkürbis gewonnen und hat bei Kaltpressung eine intensiv grüne Farbe, bei Heißpressung eine eher rötliche. Um einen Liter Kernöl zu pressen, benötigt man drei Kürbisse. Am häufigsten wird es als Salatöl verwendet, denn da es nicht erhitzt werden sollte, ist es zum Braten oder Frittieren ungeeignet. Wegen des Gehalts an Vitamin E wirkt Kürbiskernöl antioxidativ und schützt die Körperzellen vor freien Radikalen.

„Kochkunst ist eine ebenso angenehme wie heimtückische Methode, Muskelfleisch in Bauchspeck zu verwandeln.“

Helmar Nahr (*1931),
dt. Mathematiker u. Wirtschaftswissenschaftler

Hauptspeisen

Vorspeisen & Zwischengerichte

Süssspeisen

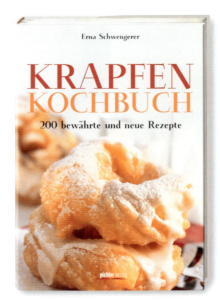

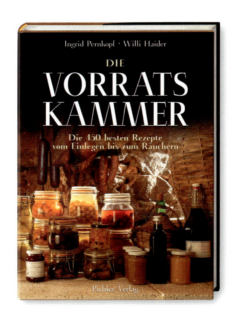

400 Meter hoch über Kitzbühel liegen die Sonnbergstuben von Rosi Schipflinger. Sie ist nicht nur Gastwirtin, sondern auch Sängerin und Volksmusikerin, ihr Haus ist Treffpunkt der Prominenten. In diesem vergnüglichen Koch- und Lesebuch versammelt sie die Lieblingsrezepte ihrer prominenten Gäste und präsentiert die besten Anekdoten aus dem unerschöpflichen Schatz ihrer Erinnerungen.

Teig kneten und Kekse ausstechen, Soßen verrühren, Pizza belegen oder Obst schälen – Kinder sind in der Küche begeistert bei der Sache, wenn man sie nur lässt. Zusammen mit dem wilden Engelchen Kim, der beliebten Märchenfigur des Autorenduos Gerda Melchior/Volker Schütz, präsentiert Ingrid Pernkopf wunderbare Rezepte, die ideal mit Kindern zu kochen und anzurichten sind.

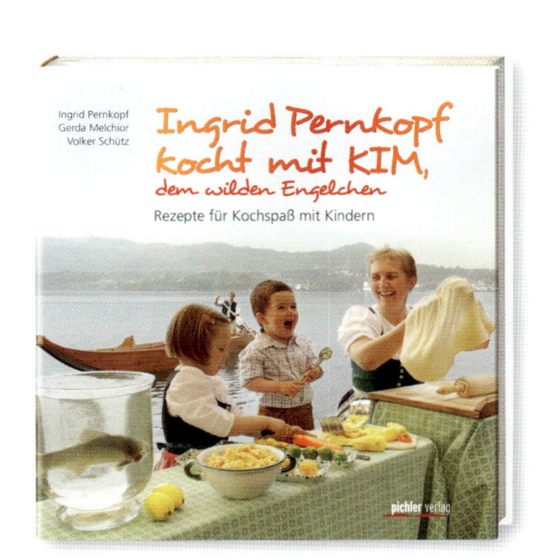

978-3-85431-562-9

Lektorat: Marion Mauthe

Umschlag- und Buchgestaltung:
Gudrun Hohengasser

Reproduktion: Pixelstorm, Wien
Druck und Bindung:
Druckerei Theiss GmbH. St. Stefan im Lavanttal

Printed in Austria

Bildnachweis:
Peter Barci: *S. 17 (o.), 89 (o.), 155 (o., u. li.)*
Raoul Blahacek: *S. 20, 140*
camera obscura: *S. 78*
Manfred Esser: *S. 102, 153*
Fotolia: *S. 13 (o., Ramon Grosso), 23 (o.), 25 (o.), 43, 61 (uckyo)*
Uli Koch: *S. 37, 41 (o.), 67 (o.), 115 (o.), 125,*
Helmut Lunghammer: *S. 96*
Andrea Mayer Rinner: *S. 8, 13 (u.), 17 (u.), 19 (u.), 25 (u.), 49, 51, 53, 55 (u.), 65, 67 (u.), 71 (u.), 73, 77 (u.), 85, 89 (u.), 91 (u.), 97, 99, 101 (u.), 103 (u.), 107, 115 (u.), 119 (u.), 137 (u.), 139 (u.), 143 (u.), 151, 155 (u.), 157 (u.), 161, 163 (u.), 167, 169, 170, Coverbild (o.), Porträt Eva Mang (re. Coverflappe)*
Melchior/Schütz: *S. 29 (o., u. li.), 126, 127 (u.), 128, 130, Coverbild (Mitte)*
Herby Meseritsch / www.paparazzi.tv: *S. 95*
ORF/Musikantenstadl/ Milenko Badzic: *S. 129, 135, 150*
Picasa: *S. 114*
Stephan Pick: *S. 30*
picturedesk.com: *S. 24 (Thüringen Press/Action Press), 27 (Manfred Görgen/Action Press), 28 (li., Schroewig/dpa), 39 (Henning Schacht/Action Press), 119 (o., joshua a resnick: S. 143 (o., Stefano Scata/TIPS)*
Ali Schafler: *S. 69, 105, 159*
Schumann + Stingl: *S. 132*
Paul Schwarzl: *S. 163 (o.)*
Alfred Spannring: *S. 68, 110 (li.), 112 (re.)*
Archiv Stadlpost: *S. 12, 14, 15, 16, 18, 22, 23 (u., Uwe Schwarz), 26, 28 (re.), 32, 33, 34, 35, 36, 38, 40, 42, 44, 48, 50, 52, 54, 56, 57, 58, 60, 62, 63, 64, 66, 70, 74, 75, 76, 79, 84, 86, 87, 88, 90, 91 (o., Barbara Pheby), 92, 93, 94, 98, 100, 104, 106, 108, 111 (Roman Potykanowicz), 112 (li.), 113, 116, 117, 118, 120, 121, 122, 123, 124, 131, 134, 136, 138, 141, 142, 144, 146, 152 (re.), 154, 156, 158, 160, 162, 164, 165 (Uwe Schwarz), 166, 168, Coverbilder (li, u., re.)*
martin steinthaler | tinefoto.com: *S. 72*
StockFood: *S. 19 (o., Debi Treloar), 31 (o., Susie M. Eising), 55 (o., Jan-Peter Westermann), 59 (Harry Bischof), 71 (Michael Brauner), 77 (o., P. Nilsson), 103 (o., Christiane Krüger), 109 (o., Harry Bischof), 133 (Diana Miller), 137 (o., Susie M. Eising), 139 (o., Leigh Beisch)*
Teamarbeit: *S. 109 (u.)*
Tourismusregion Klopeiner See–Südkärnten/Zupanc: *S. 80*
Liudmila Travina: *S. 145*
Alexander Tuma: *S. 21*
Renate Walford: *S. 29 (u. re.)*
Foto @ weinfranz.com: *S. 157 (o.)*
Kurt-Michael Westermann: *S. 101 (o.), 127 (o.), 152 (li.)*